U0931882

聖經通識叢書

聖經鳥瞰

基礎篇

黃錫木著

▼

聖經通識叢書

聖經鳥瞰
基礎篇
The Fundamentals of the Bible
Basic Level

作者
黃錫木 Wong, Simon S.M.

系列編委
張達民、張略、孫寶玲、黃錫木

審閱
黃鳳賢

執行編輯
許寶瑩、羅慧琪

內文插圖
戴懿珊

內文排版設計
戴懿珊、莫可雅

封面設計
胡立強

■

出版／發行
基道出版社
香港沙田火炭坳背灣街 26 號富騰工業中心 10 樓 1011 室
LOGOS PUBLISHERS
Unit 1011, 10/F, Fo Tan Ind. Centre, 26 Au Pui Wan St., Shatin, Hong Kong
電話：(852) 2687-0331　傳真：(852) 2687-0281
網址：https://www.logos.com.hk

承印
陽光 (彩美) 印刷有限公司

●

10/2002 初版　10/2003 二版　1/2006 三版
Cat. No. LP141-3B
ISBN-10: 962-457-220-8
ISBN-13: 978-962-457-220-9

刷次	13	12	11	10	9	8	7	6	
年份	2030	2029	2028	2027	2026	2025	2024	2023	2022

序言

《聖經鳥瞰——基礎篇》是「聖經通識叢書」第一本出版的書籍，目的是引導讀者在進深研究各組書卷或某一卷書卷之先，對聖經有既基本又全面的認識。簡單來説，這正如我們在未細察每棵樹之前，先看看整個樹林的模樣和形成的過程。

本書共分 7章，就著「聖經是甚麼？」這問題，簡述聖經的編排和內容(第一、二章)、兩約之間的關係(第三章)和聖經的本質(第四章)。要準確地了解聖經，熟悉聖經的內容固然重要，但同等重要是對聖經的歷史文化有基本的掌握，這才能進入聖經各書卷的文字世界。本書第五、六章簡述聖經歷史和聖經中人民的生活，而第七章則為讀者提供幾個開始其讀經生活的要點。

本書對每卷聖經書卷的介紹務求精簡，以便(初信)讀者能在簡短的文字裏掌握該書的信息。至於各書卷內容的詳細討論，則可參閱本叢書的「三分鐘的聖經研讀」之《聖經導讀卡》對每卷書的介紹，及稍後出版對各組或個別書卷的講解。此外，由於有關聖經歷史及社會文化背景的資料繁多，本書亦只能夠提供一個輪廓而已。在這方面更詳盡的介紹，讀者可參閱本叢書的《聖經鳥瞰——進深篇》和《實用聖經地圖集》。

為更配合內文的討論，避免花不必要的篇幅討論翻譯等問題，除特別標示外，本書所引用的聖經譯文全是取自《現代中文譯本修訂版》(1995)；然而，內文不時附有《和合本》的經文，以作比較。

「聖經通識叢書」的特色是要兼顧學術研究的精確和執著，與教會信徒的生活實踐，因此，每冊所討論的內容務求達到學術上的嚴謹，又以平易、通達的詞句表達。我們的目的，是要建立一個真正能夠反映聖經學術研究的普及聖經文化，讓信徒和教會可以享受歷代教會先賢和當今學者努力鑽研的成果，更勇敢地面對聖經研究在21世紀學術上的新發現和新理論，從而培養對追求聖經真理的認真和熱誠，並能在真理的基礎上對自己的信仰有更深層和謙卑的反省。

本書能順利出版，我要特別多謝「聖經通識叢書」編委——張達民博士、張略博士和孫寶玲博士——的支持；他們的積極參與確實給我莫大的鼓勵。我亦要多謝基道出版社同工(特別是蔡桂球社長)的鼎力支持。盼望所有有份參與本叢書出版的人都分享本叢書的異象，把聖經的信息帶入教會。

黃錫木

目錄

專欄目錄

引言

Bible與(Holy) Scriptures有何差別?這兩個名詞基本相同,只是Bible源於希臘文,而Scripture則源於拉丁文而已。

基督教是以聖經為中心的宗教,在英語世界裏,聖經 ***(The Holy Scriptures)*** 甚至被簡稱為*The Book*(「那書」),被譽為書中之書;對於每一位基督徒來說,聖經是他們生活的中心。那麼,聖經一定有其特別之處,以致許多人肯將自己的生活建立在這本極不尋常的書上。這本書是關於上帝自己的書,是關於人如何才能藉著耶穌基督、倚靠聖靈的帶領來認識和經歷上帝。簡言之,上帝所要人知道關於**祂**自己的信息,全部都包括在聖經裏面,或者用基督教的術語來說,「聖經是上帝完全的啟示,是上帝給人的話」,而就這角度來說,聖經是神聖的。

你認識這個「祂」字嗎?這是基督教界對「上帝」特別使用的代名詞;有些人也用來指「耶穌」。

然而,人人皆知,聖經並非直接從天上掉下來的,也不是由上帝親自寫成的,而是由一羣就像你和我這樣的人寫成的。不單如此,聖經是由許多書卷組成的,總計66卷(有些宗派的聖經多了十數卷書,共78卷),將近1500頁,約1,000,000字,由30多位作者歷時1000至1500年才寫成。從第一本聖經書卷問世至今,可能已有3000年之久,而最後寫成的書卷亦距今快2000年了。

第一章

一本聖經、兩個約

- 「約」的意義
- 舊約
- 新約

聖經是由66卷書組成的「文集」(**Bible**)，分為兩個部分，稱為「舊約」(Old Testament)和「新約」(New Testament)。舊約聖經有39卷書(有些版本有51卷)，主要由希伯來文寫成，而新約聖經則有27卷，由希臘文寫成。將這許多不同的書卷匯集在一起，組成一部書，是相當後期的事。英文testament(「約」)這個字源於拉丁文，現今通常指「遺囑」，但古時則指「協定」或「盟約」，與covenant一詞的意思相通。盟約是雙方面的協議，因此，聖經作者常用盟約的概念來表達上帝與人之間的關係，這亦成為聖經中一個非常重要的主題。

留意英文Bible一詞的希臘文biblia原是指普通的書籍的複數，後來則用來指基督徒尊為「聖」的文集。

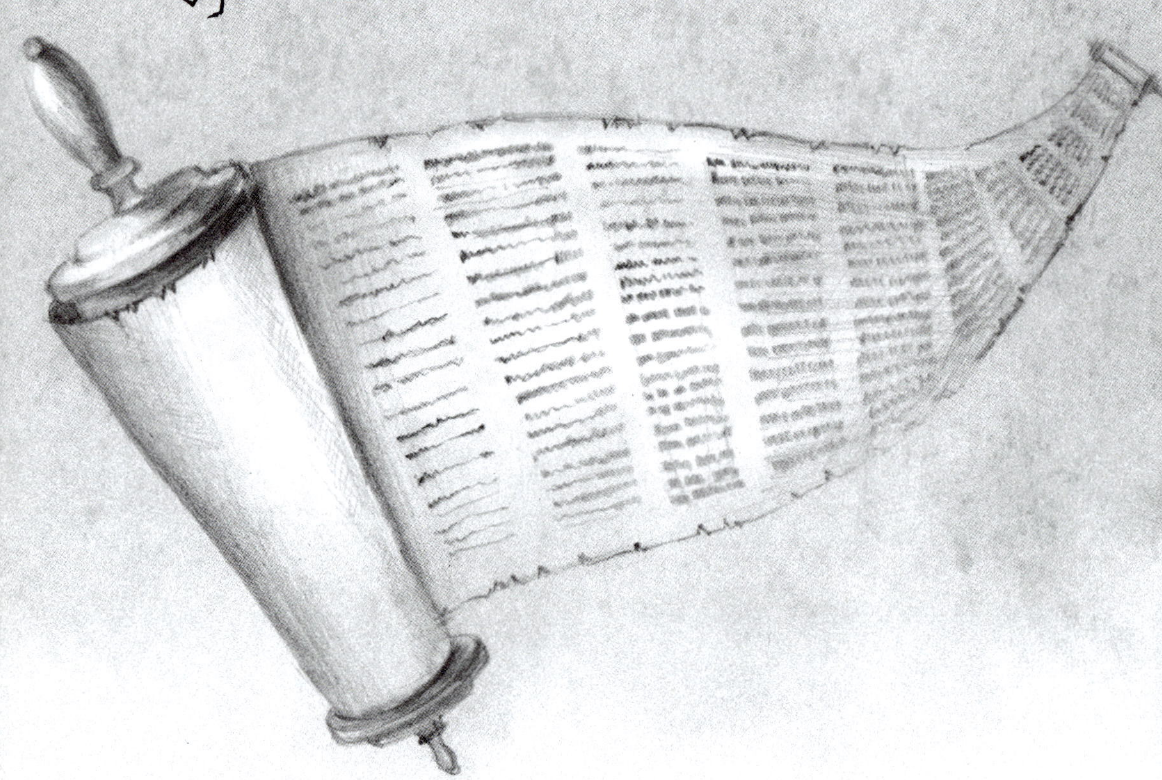

「舊約」

「舊約」實指上帝與人類所訂立的「首份協定」或「盟約」，不過，在聖經裏這個盟約主要是與以色列民族立的。上帝(在舊約裏，「上帝」有時稱為「耶和華」)是主動提出立約的一方，而以色列民則是應約的一方，亦是受惠的一方。在舊約聖經，我們發現上帝曾 3度與以色列的祖先立約：

有關經文章節的標示方法，下文頁10會有介紹。

1. 上帝在洪水之後與挪亞立約，並以彩虹為記號，承諾永遠不會
創9章 再用洪水來懲罰人類；
2. 上帝與以色列民族的鼻祖亞伯拉罕立約，並以一個當時相當普遍的習俗「割禮」為記號，承諾會使他的子孫成為大國，即
創15章; 17章 日後的以色列國；而上帝亦繼續向他的子孫(例如大衛王)重申在這約
撒下7章 上的承諾。
3. 出19章; 20章 上帝與以色列人在西奈曠野立約，並以十誡和其他律例為記號，承諾會成為他們的上帝，而他們必須謹守這些律例。

「彩虹之約」是上帝與全人類所立的約，這約亦預備新的約的來臨，「亞伯拉罕之約」和「西奈之約」則是上帝與以色列人所立的。上帝主動向以色列民伸出拯救和保護的手，而以色列民要做的只是向上帝忠心(即不敬拜別的神)，遵守祂所賜的一系列誡命和規則(常簡稱為「律法」)，不偏離祂的道，使其他民族能夠看見，信靠上帝能得到拯救。上帝承諾只要他們遵守這些律法和命令，就賜給他們各樣的福份。

這羣稱為「上帝子民」的人，與所有其他民眾一樣，都是罪人，他們不能

完全遵守這約，並不斷破壞合約條款。事實上，舊約歷史書(例如列王紀或歷代志等)中一個非常重要的信息，就是藉著以色列人的歷史，展示一個經常重複的循環：以色列民背約、上帝的懲罰，以及因為這「舊」的盟約關係已經破裂，上帝要主動修補這關係。正因以色列人無法遵守這約，上帝和以色列民之間需要一個「新」的約，以終止這循環；在這「新」的約裏，上帝的子民不再單憑自己的能力，和按律法式賞罰制度的規範來守約，而是靠賴上帝給予屬祂的人一顆能順從祂的心。 耶31.31~34; 來8.8~12

「新約」

上帝的兒子耶穌基督來到世上，「新約」就實現了。耶穌基督在十字架上的死，不單為每個守「舊」約失敗的人(如以色列人)付上了代價，同時亦拯救了那些未有機會享受舊約權利的人。對猶太裔的基督徒來說，這固然是一個更美好的約，但其實當中更重要的突破是，這「新約」的受惠者不再限於以色列人而已，乃是包括全人類。耶穌使所有信靠他的人，都得以進入與上帝所訂立的新約中。所有在新約裏有份的人都相信耶穌是上帝的兒子，為眾人的罪死在十字架上，又從死裏復活，並賜給他們新的生命。所以，舊約書卷的焦點是上帝與古以色列民所訂立的約，而新約書卷的焦點則是上帝與每個信徒所訂立的約。這正是主耶穌設立聖餐的一個非常重要的原因：「這杯是上帝的新約，是用我為你們流出的血設立的。」 路22.20

總括來說，由舊、新約兩個約產生了兩本約書(舊約全書、新約全書)，然而，我們所謂的「舊約聖經」，對於猶太教的信徒來說，是惟一的聖經，是上帝給以色列民族的聖諭；但對於基督徒來說，舊約聖經卻只是聖經的一部分，當中述說上帝如何透過那「舊」的約與以色列人交往，而「新約聖經」就是以主耶穌基督──全人類的救主──為中心。**不信主的猶太人固然不承認新約聖經這經典的權威性**，但基督徒卻認為這是上帝給全人類的經書，是祂與所有人立約的憑據。

既然新約聖經是建基在對主耶穌基督的信仰上，而猶太教徒並不接受耶穌為救主，因此，他們的聖經也就沒有新約部分。

a.「約」這個詞包含著甚麼意思？「舊約」和「新約」之間有何關係？

b. 在舊約時代，上帝與人立了哪3個約？它們之間有何分別？

c. 猶太教與基督教對「舊約聖經」與「新約聖經」有何不同的看法？

d. 試向一位未信主的朋友簡單介紹基督教的經典，説説它的組成部分和特色。

第二章

聖經書卷總覽

- 整體分類
- 舊約書卷
- 舊約次經書卷
- 新約書卷

要熟讀聖經中66卷書是不容易的事，但筆者相信本系列將會幫助讀者對每個類別和每卷書愈來愈熟悉。本章先綜覽整本聖經的書卷分類和每個類別的特色，然後簡述每卷書的重點，以便讀者先對整本聖經建立一個簡明清晰的印象，為日後的進深研讀鋪路。

整體分類

聖經這本書集的組成，並不是一朝一夕的事，而是經過十多個世紀的信徒共同經歷、共同印證而成，因此，聖經裏書卷的組合方式各有不同，原是可以理解的；事實上，當我們看看從古時流傳下來的聖經（有時我們稱之為「抄本」），就會知道聖經的各卷書卷起初並沒有一式一樣的排列方式。基督教聖經有「舊約」和「新約」之分，正明顯地反映著一個基督信仰的觀念。現存常用的聖經所收錄的新約部分，排列的方式都是一樣的，但舊約部分的排列則略有出入。

「妥拉」是希伯來文Torah的音譯，意指「律法書」。

猶太教官方聖經並沒有新約部分，這聖經在耶穌降世之先早已存在，亦是歷代猶太人所用的聖經。為要與基督教的聖經分別開來，我們可稱這聖經為「猶太人聖經」（*Jewish Bible*）、「希伯來文聖經」（*Hebrew Bible*，因為這部分主要是用希伯來文寫成的）或「坦拿克」（希伯來文*Tanak*的音譯）。*TaNaK*這字由3個子音所組成，這3個子音分別是代表猶太人聖經3部分的字的首字母，即「**妥拉**」（*Torah*）、「先知書」（*Neviim*）和「聖卷」（*Ketuvim*）。新教聖經（如《和合本》和《現代中文譯本》）的舊約部分，與猶太人聖經所包括的書卷完全相同，只是排列方式略有出入（參下一節的表列）。

廣義來說，「基督教」這名稱包括了3大教派：羅馬天主教（或稱「大公教」；Roman Catholic）、正教（Orthodox）和新教（或稱「更正教」；Protestant）。

不過，有些**基督教**教派的舊約聖經卻多了好幾卷經書；這些書卷有的是獨立成卷，有的則是加插在其他聖經書卷之內。對於這類書卷，不同教派各有不同的指稱：羅馬天主教稱之為「後典」

(deuterocanonical，意指在猶太人聖經以外、後期被納入「第二個正典經目」的書卷)；而新教中的普世聖公宗則稱之為「次經」(apocrypha，意指那些與聖經有別，卻又具很高參考價值的書卷)。

聖經章節的標示方法

由於聖經是本篇幅相當多的書集，所以早已有人把聖經各書卷分成章節，方便查閱。1228年，司提反．朗特(Stephen Langton)首先將聖經分章；1448年，拿單拉比(R. Nathan)又將舊約部分分節；至1551年，新約的分節終由斯特反努斯(Robert Stephanus)完成。這章節的分法亦成為日後每本聖經的列印傳統。在一般英文聖經中，章和節的數字都是用冒號來分隔的(冒號前為章，冒號後為節)，有時也會用句號。不少中文聖經也沿用這標示方法，但亦有一些是以中文數字標示章數，用阿拉伯數字標示節數，例如約翰福音三章16節可以簡寫成「約 3.16」或「約三16」。

此外，一般的聖經譯本都會為每卷書分段，並加上精簡的標題。雖然這些標題(包括章節的分隔)不是聖經原有的，但對我們閱讀聖經有很大的幫助。

a. 何謂「坦拿克」？

b.「次經」與「後典」是甚麼？它們有何分別？

舊約書卷

多數華人基督教會(除了路德宗和聖公宗)所使用的聖經舊約部分，與猶太人聖經所收錄的書卷內容完全相同，只是編排的次序有別。由於舊約書卷的內容全部都以猶太人的生活為背景，所以對華人來說，如果沒有足夠的歷史和文化背景資料作輔助，就實在不容易理解。然而，舊約聖經中不少的故事，如摩西的故事、十條誡命、約瑟及其彩衣、大衛與歌利亞的故事等等，卻又是深入民心的事蹟，一般信徒都耳熟能詳。

以下分別列出新教聖經的舊約部分和猶太人聖經的經目，以作比較。整體而言，新教舊約聖經的書名和排列次序(主要是按體裁分類)，都反映著拉丁文和英文聖經的傳統，這可追溯至早期教會所使用的《七十士譯本》；至於猶太人聖經的3大分類，則可能反映傳統猶太教對不同類別書卷的重視程度，這可能與該類書卷的成書年期或被確認為聖經的年期有關。

新教舊約聖經

五經	歷史書	詩歌智慧書	先知書
創世記(創)	約書亞記(書)	約伯記(伯)	以賽亞書(賽)
出埃及記(出)	士師記(士)	詩篇(詩)	耶利米書(耶)
利未記(利)	路得記(得)	箴言(箴)	耶利米哀歌(哀)
民數記(民)	撒母耳記上(撒上)	傳道書(傳)	以西結書(結)
申命記(申)	撒母耳記下(撒下)	雅歌(歌)	但以理書(但)
	列王紀上(王上)		何西阿書(何)
	列王紀下(王下)		約珥書(珥)
	歷代志上(代上)		阿摩司書(摩)
	歷代志下(代下)		俄巴底亞書(俄)
	以斯拉記(拉)		約拿書(拿)
	尼希米記(尼)		彌迦書(彌)
	以斯帖記(斯)		那鴻書(鴻)
			哈巴谷書(哈)
			西番雅書(番)
			哈該書(該)
			撒迦利亞書(亞)
			瑪拉基書(瑪)

猶太人聖經

妥拉	先知書		聖卷	
	前先知書	後先知書		
創世記	約書亞記	以賽亞書	詩篇	耶利米哀歌
出埃及記	士師記	耶利米書	約伯記	以斯帖記
利未記	撒母耳記上下	以西結書	箴言	但以理書
民數記	列王紀上下	十二小先知書	路得記	以斯拉記
申命記			雅歌	尼希米記
			傳道書	歷代志上下

聖經中的書名

聖經中的書名是頗為有趣的。首先我們要知道，很多古籍文獻本來都沒有書名，往後一直沿用的書名，大部分都是在文獻面世後的一段日子，由讀者加上去的。聖經的書名都是非常簡短的(在英文聖經，通常只有1個字)，有些只提及書卷的主角，例如「約伯記」、「路得記」等；有些指出書卷的主要讀者，例如「羅馬書」(原來應該是「致羅馬人書」)、「提多書」等；有些則指出書中的主旨，如「出埃及記」、「申命記」(即重申誡命)、「使徒行傳」等；有些則暗示資料的來源或作者，如「馬太福音」、「彼得前書」等。

雖然傳統上往往以書名中的名字等同真正的作者，但這並非必然。一般來說，舊約書卷的作者身分較難肯定；雖然不少舊約先知書似乎已清楚顯示誰是書卷的作者，但其實這可能不是指某個特定的人物，而是指以他為代表的門派。此外，由於某些書卷可能是經過幾代信徒(或某先知的眾門生)編寫而成的(例如：詩篇、箴言)，所以要確定**作者的身分**就更加困難了。

作者的身分是研究古代書籍最難解決的問題。現代書籍都很清楚地列出這方面的資料，但古代書籍卻往往連作者的名字都沒有，更不用談論寫作的年份了。

五經

舊約聖經由5本非常重要的書卷開始：*創世記*、*出埃及記*、*利未記*、*民數記*和*申命記*。由於這5卷書是舊約(或猶太教)最核心的書卷，而在抄傳的過程中，這5卷書又經常被編列在一起，故又常稱為「一書五

王下14.6; 拉3.2; 但9.11 經」(這也是英文Pentateuch一字的意思)，或簡稱「五經」。舊約聖經和

新約聖經常稱這5卷書為「摩西的書」(今天，我們則稱之為「摩西五經」)，因為摩西是這5卷書的核心人物，而傳統認為，這些書卷的主要信息都是源自摩西的；然而，五經的結集大概可能是相當後期的事(約公元前7世紀)。 路24.44; 林前9.9

5卷書的內容概述如下：

創世記	記述世界的被造、伊甸園中人類的墮落、挪亞方舟和洪水的故事，以及族長亞伯拉罕、以撒、雅各和約瑟等人的事蹟，從而帶出上帝所開展的救贖計劃。
出埃及記	記述摩西帶領**以色列人**出埃及事件的始末，以及他們在曠野生活的歷史，其中強調了上帝與以色列人所立的約，和所賜下的律法規條(包括約櫃的建造)。
利未記	記述獻祭的內容，藉此教導祭司和百姓敬拜上帝，並藉著律法和典章來教導以色列人過聖潔的生活。
民數記	記述以色列人數點民眾；並記述他們在進入應許之地前，如何因犯罪而被上帝懲罰，以致在曠野漂流40年之久，才得進入應許之地。
申命記	記述摩西在離世前對以色列民重申他們與上帝所立的約，和上帝所賜的律法典章。

「以色列人」和「猶太人」這兩個名稱有甚麼區別？前者可以指「以色列」這個國家(例如今天的以色列國)的人民，或「以色列」(即「雅各」)的後裔，而後者則指這個民族羣體。

猶太人稱五經為「妥拉」(*Torah*)，這希伯來文字的意思是「教訓」或「指令」。今天，我們習慣稱這些書卷為「創世記」、「出埃及記」等等，但這些書卷在希伯來文聖經中的名稱，其實是每卷書的第一個詞或短語，分別是：「起初」(In the Beginning)、「名字」(Names)、「然後祂呼叫……」(And He spoke)、「在曠野」(In the wilderness)和「這是……所說的」(These are the words)。

這5卷書是希伯來人(即以色列民族的祖先)信仰的核心。上帝藉摩西的口，向以色列人講述了他們的起源，由萬物和人類的受造開始，以至先祖(亞伯拉罕、以撒和雅各)的事蹟等，當然還包括以色列人脫離埃及為奴景況的歷程，而其中最重要的是律法的頒布。上帝所頒布的律法不僅僅是十條誡命而已，而是包括各種禮儀和詳細**規條**，旨在使以色列人在應許之地過和平敬虔的生活；出埃及記的後半部分和幾乎整部利未記都涉及這方面的內容。由於利未記的內容主要涉及許多的規條，所以這書不單單是祭司的手冊，亦是猶太孩童第一本要熟讀的聖經書卷。你會發現這5卷書也記載了許多家譜，這是由於以色列人(即希伯來人)在立國前常常從一處遷移到另一處，而家譜往往就是追本溯源的根據，展示著一個民族生命的延續性。

相隔幾千年後的我們，要理解這些規條顯然是非常困難，但要知道，其實大多數的規條都不是為我們而寫的，而是為古以色列人而寫的。

在聖經裏，只有那些涉及宗教的法規或上帝(統治者)所頒布的誡命(法律)，才以律法體裁來表達，所以，雖然傳統稱這5卷書為「律法書」，但就其體裁而言，五經的內容還是以歷史敍述為主。此外，正如古代的律法往往針對某個民族而設，聖經中的律法就是針對希伯來民族(和後期的猶太民族)而設的。

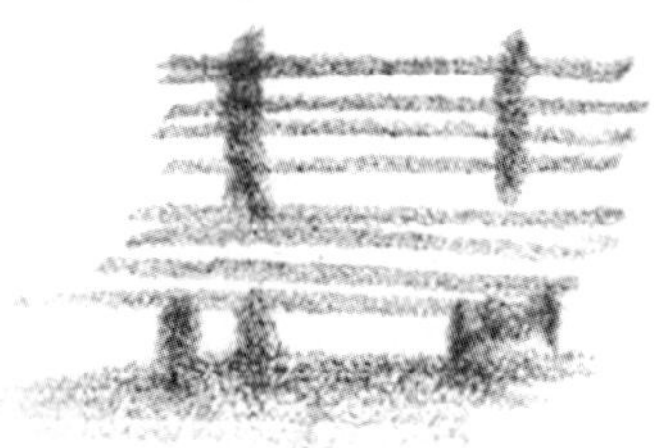

創世記中的11個段落

很多研究創世記的人都會以第十一章亞伯蘭(或亞伯拉罕)的故事為這書的分水嶺，但當你打開希伯來文的創世記時，就會發現這書的一個鑰字*toledot*(「記載」)所出現的11次中，每次都代表著新段落的開始。你不妨按以下的段落結構來閱讀創世記，留意一章1節至二章3節是全書的引言，並沒有*toledot*這字：

1. 引言(天地的創造)：一1～二3
2. 對天地的記載：二4～四26
3. 對亞當的記載：五1～六8
4. 對挪亞的記載：六9～九29
5. 對閃、含、雅弗的記載：十1～十一9
6. 對閃的記載：十一10～26
7. 對他拉的記載：十一27～二十五11
8. 對以實瑪利的記載：二十五12～18
9. 對以撒的記載：二十五19～三十五29
10. 對以掃的記載：三十六1～8、9～三十七1(留意這裏，*toledot*出現兩次)
11. 對雅各的記載：三十七2～五十26

申命記中的「記念」

申命記記述了上帝(或稱「耶和華」)的忠心僕人摩西在臨終之際，對將進入應許之地的新一代以色列人所說的話。由於這新一代的以色列人並未親身經歷出埃及的事蹟，故這書特別提出10件不可忘記的事：

1. 所領受的律法(四9～10)	6. 以色列人對耶和華的背叛(九7)
2. 耶和華的約(四23)	7. 離開埃及(十六3)
3. 在埃及為奴的日子(五15)	8. 耶和華的審判(二十四9)
4. 耶和華對埃及的審判(七18)	9. 敵人的侵擾(二十五17)
5. 耶和華的引導(八2～6)	10.上古之日、歷代之年(三十二7)

溫習及思考問題

a. 何謂「妥拉」?

b. 為何現今的基督徒難以理解五經裏所記載的律法與規條?試闡述其中幾個原因。

c. 在內容上，五經彼此有何關連和特色？哪卷書較吸引你？為何？

d. 為何申命記要強調「記念」這觀念呢？

歷史書

舊約的歷史書共有12卷之多，按次序是由約書亞記至以斯帖記，這些書卷記載著一個連貫的歷史：逐步申述以色列這民族如何發展成一個國家，擁有自己的君王，及後經歷國家分裂（成為以色列國和猶大國），繼而亡國、歸回和重返耶路撒冷等過程。

按這歷史進程，這些書卷又可按不同時期而分為3類，即「神治時期」（包括*約書亞記*、*士師記*和*路得記*）、「帝王時期」（包括*撒母耳記上下*、*列王紀上下*和*歷代志上下*）和「被擄及回歸時期」（包括*以斯拉記*、*尼希米記*和*以斯帖記*）。從信仰經歷（特別是基督教信仰）來看，這些書卷講述了古以色列人背叛上帝的歷史。所有歷史書書卷的內容概述如下（括號內的作者姓名和寫作日期只作參考）：

約書亞記	記述以色列人踏入迦南地、攻佔此地的過程，以及他們各支派分配土地的情況。（作者不詳；公元前6世紀末）

士師記	記述以色列人如何違背上帝、以致受敵人欺壓，後來悔改，並在士師領導之下得釋放；當中亦闡述了以色列人在道德上敗壞的情況。(作者不詳；公元前6世紀末)
路得記	記述拿俄米與路得兩婆媳相依為命的故事，後來路得更成了大衛和耶穌的祖先。(作者不詳；公元前6世紀末)
撒母耳記上	記述以利與撒母耳、撒母耳與掃羅，以及掃羅與大衛之間的事蹟，並交代了以色列人立國的起源。(作者：撒母耳和其他人；公元前6世紀末)
撒母耳記下	記述大衛統治以色列國的事蹟，以及其成敗功過。(作者不詳；公元前6世紀末)
列王紀上	由大衛統治的最後時期至所羅門之後王國開始分裂的時期為止，按列王的次序記述諸王的事蹟。(作者不詳；公元前6世紀末)
列王紀下	緊接列王紀上，直至公元前561年猶大國最後一位王約雅斤在巴比倫獲釋為止，記述北國(以色列)及南國(猶大國)諸王的事蹟。(作者不詳；公元前6世紀末)
歷代志上	主要記述大衛治國時以色列人的宗教生活，以及大衛如何準備為上帝建聖殿。(作者不詳，可能是以斯拉；公元前6世紀末)
歷代志下	記述所羅門如何為上帝建聖殿，及以色列國分裂之後南北兩國的宗教生活。(作者不詳，可能是以斯拉；公元前6世紀末)
以斯拉記	記述所羅巴伯和以斯拉兩人，帶領被擄至巴比倫的猶太人回歸和重建聖殿的事蹟，並以斯拉如何反對猶太人與外族人通婚。(作者不詳，可能是以斯拉；公元前5世紀末)
尼希米記	記述尼希米返回耶路撒冷重建城牆及管治猶太人的情形，並向以色列人重申他們與上帝所立之約。(作者不詳，可能是以斯拉；公元前5~4世紀期間)
以斯帖記	記述猶太女子以斯帖被立為波斯王后的經過，後來更透過她救了整個猶太民族。(作者不詳；公元前5~2世紀期間)

對古以色列人而言，「歷史」不僅是「在一段時期內所發生的事件」，更是「上帝藉以傳達其信息的各種事件」。

猶太人的聖經並沒有「歷史書」這類別，幾卷最重要的**歷史書**乃歸入「前先知書」一類。至於以斯拉記、尼希米記和以斯帖記的寫作年期較晚，而猶太人亦不從歷史角度看路得記，所以這幾卷歷史書都一同被歸入「聖卷」類別。你可能會留意到，歷代志上、下兩書都被歸入「聖卷」類；其實就寫作手法而言，兩書明顯具有歷史敍述的規模，因而通常被收納入「歷史書」類，但就所傳達的信息而言，這兩卷書只是用了記載歷史的手法來表達作者的神學思想。又由於這兩卷書的寫作時期相對較晚，猶太人便將之排列於最後，成為猶太人聖經的最後兩卷書。

五經和歷史書均屬敍述性體裁，兩者共佔了舊約聖經一半以上的篇幅。敍述文體非常強調「事情」，而聖經的敍述文體是按主題來鋪排事情，並非客觀地把事情按年份陳述出來。此外，古代敍事文體中記錄傳統故事和傳説時，會用比較適合在公開敬拜場合背誦的方式來描述，又或者會為了突出某一重點而作描述。我們絕不能用今天的歷史學標準來量度聖經的歷史內容。

閱讀敍述性的記載一般都較富趣味，可以一個故事接一個故事地看下去。然而，對許多閱讀舊約聖經故事的讀者來説，有時卻非常費勁，因為聖經所載的古以色列人歷史，往往都含有不少專用名詞(地名和人名)，而對於所涉及的風俗習慣和文化背景又不會詳加闡述，因為聖經原來的讀者都是古以色列人，並沒有解説的必要。其實遇到這情況，可使用一些附註釋的聖經，這樣，讀者會對當時的風俗習慣和文化背景有一些基本的認識，而閱讀聖經起來，就自然容易明白得多。

溫習及思考問題

a. 按照以色列人的歷史進程，歷史書可按哪幾個時期分類？

b. 猶太人對歷史書的編排方法，與基督教的有何不同？

c. 查考歷史書的人必須掌握哪一方面的資料，才能夠明白其內容？我們可從哪些途徑取得這方面的資料？

詩歌智慧書

在敍述性的歷史書卷之後，就是「詩歌智慧書」，包括*約伯記*、*詩篇*、*箴言*、*傳道書*和*雅歌* 5卷。這些書卷都是來自古以色列和其他族羣的智者，展現出古以色列人和敬畏上帝的人對上帝的敬虔信仰，以及在人生中掙扎的實況。

詩歌體並不局限於詩歌智慧書一類的書卷，其實，大多數的舊約書卷，尤其是預言，都採用了詩歌的形式表達，例如一般被列入先知書類的耶利米哀歌，其實是由 5首詩歌所組成。整本舊約聖經有三分之一的篇幅是以希伯來詩歌的形式寫成的。現存收錄在舊約聖經裏的詩體作品只是希伯來詩歌中少數的作品，在列王紀上四章32節就指出，所羅門王作了3000句箴言和1005首詩歌，這些作品大多數都沒有收錄在聖經裏。由於傳統的希伯來詩歌並沒有具體的押韻和規格式的韻律，故與散文體頗為相近，一般讀者並不容易辨認。

在古代近東，智慧文學一般以兩種形式表達，分別是以箴言為代表的「格言性智慧」及以約伯記和傳道書為代表的「推理性智慧」。格言性智慧一般以短小而精煉的詩歌或箴言表達，並常以上下兩句對稱的句子互相呼應，指示出人生處世的智慧。推理性智慧亦會使用格言，但較多是獨白(傳道書)和對話(約伯記)；在這種文學作品中，古代哲人思考到人類生存的複雜性和不確定性，因而更深入地了解上帝與人生的關係。然而，古代哲人有別於今天的哲學家；他們所提出的問題總是相當具體，與人類所經歷的各種處境密切相關。

約伯記	藉著約伯與4位朋友的對話及上帝親自的解說，記述約伯在無辜的逆境中如何學習謙卑順服。(作者不詳；公元前5~4世紀期間)
詩篇	展現詩人怎樣藉著詩歌、祈禱和讚美之辭，向上帝表達個人的感情。(作者：大衛及後人；於公元前4世紀結集)
箴言	教導人明白處世為人的原則和生活的智慧，並在日常生活中實踐出來。(作者：所羅門和其他人；於公元前6世紀結集)
傳道書	記述作者從追逐名利的虛空人生中，認識到只有敬畏上帝、謹守祂的誡命、並克盡人的本分，才能在日光之下活出日光之上的生活。(作者：所羅門及後人；約公元前3世紀)

雅歌	描繪男女之間由求愛到進入婚姻的過程；很多早期教會的人都認為此書乃象徵基督與教會之間或上帝與人之間愛的關係。(作者：所羅門及後人；公元前10~5世紀期間)

猶太人聖經同樣沒有「智慧書」這個類別，所有屬「詩歌智慧書」類的書卷都納入「聖卷」類。

閱讀這些智慧書卷，你會領略到聖經文學的美妙。聖經不僅是冷冰冰的歷史記載，也是上古信徒在面對痛苦、不平(如約伯記)或解說人生奧祕時(如傳道書和箴言)，用心靈寫成的文學作品。詩篇是大衛等人在人生的巔峯或低谷時所寫的詩歌集，而雅歌最突出之處則在於作者毫不隱諱地描述了女性的身體之美，首次讓我們看見，愛可以包括欲望和性愛。古人似乎要較現代人對性有更健康和開放的態度。

1. 謠言：「危言聳聽，製造紛爭；搬弄是非，破壞友誼。」(十六28)
2. 訓誨：「喜愛知識的人樂於受教；惟有愚蠢人憎恨規勸。」(十二1)
3. 智慧：「敬畏上主是智慧的開端；認識至聖者就是明智。」(九10)
4. 脾氣：「愚蠢人怒形於色；聰明人心平氣和。」(二十九11)
5. 行淫：「跟人通姦的人更是愚不可及，他等於在毀滅自己。」(六32)

6. 殷勤：「[6]懶惰的人哪，要察看螞蟻怎樣生活，向牠們學習。[7]牠們沒有領袖，沒有官長，沒有統治者，[8]可是牠們在夏天儲備糧食，準備過冬。」(六6～8)

7. 良言：「憂慮使人消沉；良言使人振奮。」(十二25)

8. 祈禱：「上主垂聽正直人的禱告；他不理會邪惡人。」(十五29)

9. 七件可憎的事：「[16]有七件事是上主所憎恨，是他所不能容忍的，[17]就是：傲慢的眼睛，撒謊的舌頭，殺害無辜的手，[18]策劃陰謀的心，奔走邪路的腿，[19]編造假證，在朋友間挑撥是非。」(六16～19)

10. 緘默：「嘲弄鄰舍毫無見識；明智人緘默不言。」(十一12)

a. 約伯記與詩篇有何相同和相異之處？

b. 試列出箴言書中對你最有提醒的一些主題，並將有關的經文連章節抄寫下來。

c. 雅歌書最大的特色是甚麼？與我們的信仰生活有何關連？

先知書

在一般新教的舊約聖經中，最後一部分是先知書。先知書最重要的內容不是對未來事件的預言，而是揭示上帝傳達給人類的信息。事實上，「先知」是指上帝的傳言者，傳達上帝對以色列民族及其領袖的旨意，而先知書就是先知或他們的門徒或書記所筆錄的教訓。主要的先知書卷(又稱為「大先知書」)共有5卷，包括*以賽亞書*、*耶利米書*、*耶利米哀歌*、*以西結書*和*但以理書*，較短的先知書卷(又稱為「小先知書」)則有12卷，包括：*何西阿書*、*約珥書*、*阿摩司書*、*俄巴底亞書*、*約拿書*、*彌迦書*、*那鴻書*、*哈巴谷書*、*西番雅書*、*哈該書*、*撒迦利亞書*、*瑪拉基書*。

這些書卷都是從宗教信仰出發，亦帶有強烈的愛國主義思想(例如反抗外族入侵)；整體而言，先知們的宣講可分為5大類：

1. 暴露以色列人民(有時是他國的人民)的罪行，抨擊當時社會的不平等和欺壓現象；
2. 呼召以色列人轉向上帝，謹守祂的律法；
3. 以上帝即將降臨的懲處警戒人民；
4. 應許以色列的復興；
5. 宣告彌賽亞即將來臨。

在王國分裂時期，「以色列人」這名稱指北國以色列國的人民，而南國猶大國的人民則稱為「猶大人」(people of Judah)。

這些先知書都是以**以色列人／猶大人**的危難時期為寫作背景的，其中除了5本分別以被擄後(以西結書、但以理書)和回歸後(哈該書、撒迦利亞書、瑪拉基書)的時期為背景外，其餘的都是以被擄之前、面臨亡國威脅作為背景的。然而，這並不表示這些書卷一定是在當時寫成的，因為後人大可以取這些時期的事蹟為題材，並加以補充，來教導當時的人。以下就各先知書卷作一概述：

以賽亞書	責備以色列人和列國敬拜偶像、叛逆上帝；並預言猶大國的國運、上帝救贖人類的信息和彌賽亞所帶來的盼望。(作者：以賽亞及後人；公元前8~6世紀期間)
耶利米書	指出步向亡國階段的猶大國的罪行，預言猶大國的沒落，並指出若他們願意悔改，終能勝過敵人。(作者：耶利米及後人；公元前6世紀)
耶利米哀歌	以哀歌的方式表達對耶路撒冷城被攻破、聖殿被焚毀的悲痛心情；且是向上帝求赦罪之恩的禱文。(作者：耶利米及後人；公元前598~538年間)
以西結書	對亡國前被擄於巴比倫的猶太人宣告耶路撒冷因罪為上帝所棄，他們必須痛悔，然後上帝才會復興以色列。(作者：以西結等人；公元前6世紀)
但以理書	記述被擄期間猶太人在巴比倫的遭遇，帶出列邦國度的興衰和預言上帝國度的建立。(作者：但以理及後人；公元前6~2世紀期間)
何西阿書	透過何西阿的不忠妻子反映以色列人對上帝的叛逆；又藉著何西阿對不忠妻子的接納，表明上帝對以色列人的眷愛。(作者：何西阿；公元前750~720年間)
約珥書	以蝗蟲之災指出上帝審判的日子即將來臨，勸籲猶大居民悔改歸向上帝，才能得到上帝的祝福。(作者：約珥；約公元前500年)
阿摩司書	以色列民因拜偶像、欺壓窮人和任意妄為而遭受上帝的審判。(作者：阿摩司；約公元前750年間)
俄巴底亞書	指責以東不念手足之情，欺壓猶大國。預言以東將來必招致上帝的懲罰，而耶路撒冷必獲救贖。(作者：俄巴底亞；公元前6世紀末)

約拿書	記述先知約拿的故事，也表達上帝對那些願意悔改的列國人民充滿關愛和憐憫。(作者：約拿；公元前6~5世紀期間)
彌迦書	宣布以色列國和猶大國將面臨審判，預言以色列民族將會復國，彌賽亞必掌權。(作者：彌迦；公元前8世紀)
那鴻書	宣布亞述的罪行並預言上帝對這國的審判，藉此安慰猶大國。(作者不詳；公元前7世紀)
哈巴谷書	預言迦勒底人必入侵猶大國，藉此懲罰猶大國的叛逆，但至終迦勒底人亦必被滅，上帝的子民定會回歸。(作者不詳；公元前7世紀末)
西番雅書	預言猶大國(南國)因拜偶像、驕傲和物欲橫行而遭受審判，並以色列民族將會得救贖和復興。(作者不詳；公元前7世紀末)
哈該書	鼓勵回歸的猶太人完成重建聖殿的工程，並預言聖殿要被重建。(作者不詳；公元前6世紀末)
撒迦利亞書	透過預言聖殿的重建、彌賽亞的來臨和上帝國度的得勝，安慰回歸的猶太人。(作者：撒迦利亞；公元前6世紀末)
瑪拉基書	責備回歸的猶太人在宗教和道德上的敗壞，勸他們與上帝重建良好的關係，並預言彌賽亞的來臨。(作者不詳；公元前5世紀)

上文已經提及猶太人聖經的「先知書」類別，基本上，新教聖經與猶太人聖經的先知書書卷大致相同，惟一的分別是耶利米哀歌和但以理書的歸類，在猶太人聖經中，這兩書均歸入「聖卷」類。另外，留意在猶太人聖經中，12卷小先知書乃合作1卷書處理。

雖然先知書的內容極為豐富，但閱讀起來卻比較困難；此外，由於先知的信息往往針對他們當時代的處境，因此，在理解時就必須配合當時的歷史背景。先知書體裁的特色就是以對話(如上帝與先知的對話)和宣講形式(如先知向以色列人宣講)交錯穿插，有時更加插一些詩歌和天啟文體類的內容。所謂「天啟文體」，主要是以敘述的方式描述由上帝或天使帶來的啟示，其中往往用象徵性的語言揭示與世界終結(簡稱「末日」)有關的事，有時候也會預言在不久的將來要發生的事情。新約聖經中所引用的舊約經文，大部分都是引自先知書卷的，其中尤以以賽亞書為最。

不要以為所有舊約的先知都有文獻作品流傳下來，事實上，有許多偉大的舊約先知都沒有筆錄他們所宣告的信息(又或沒有流傳下來)，例如勸諫大衛的拿單和兩位與外邦神巴力角力的先知——以利亞和他的愛徒以利
沙，就是好例子，其他還有掃羅王朝的先知亞希亞和勸諫羅波安王的示瑪 撒上14.18
雅等。 王上12.22

溫習及思考問題

a. 先知書主要的內容是宣講上帝所要傳達給人類的信息，那麼其中所宣講的內容可分為多少類呢？

b. 先知書有何寫作特色？

c. 先知書表面看來滿是上帝的責備，但背後其實充滿著上帝無比的慈愛，試選讀其中一卷書，看看能否找到上帝慈愛的一面。

d. 先知書原是針對古以色列時代的人而發，我們如何將其中的信息應用在現今的時代中？

舊約次經書卷

舊約次經書卷主要是寫於公元前3世紀至公元前1世紀期間的古籍文獻。一般新教的聖經並沒有收錄這些書卷(因不視之為聖經的一部分)；這些書卷只見於天主教、正教和一些新教的主流教派(如聖公宗)的英文聖經中，數目由12至20卷不等。雖然聖公宗並不視這些書卷為聖經，但卻認為它們是非常有參考價值的書卷，故此，一般聖公宗(特別是英語教會)所使用的聖經均把這些書卷置於舊約和新約之間。由於華人聖公會所採用的聖經都是《和合本》，故有關次經書卷的內容，會輔以1949年由中華聖公會出版的《次經全書》作為依據。

由於天主教和正教均視這些經書為聖經，因此，就把它們列入舊約書卷中，亦有把個別書卷加插在某些舊約書卷裏，例如天主教聖經(如《思高聖經》)就把《以斯帖記補篇》插在以斯帖記後，而在但以理書三章23節和24節之間、十三章之後和十四章之前，就分別插入了《三青年之歌》、《蘇撒拿傳》和《彼勒與大龍書》等舊約次經書卷。

在整個基督教界(包括天主教、正教和新教)，使用次經和不使用次經的信徒數目相若；其實這些書卷對了解新約的歷史背景非常重要，實在不容忽視。下表列出(1)天主教(以拉丁文聖經為準)、(2)正教和(3)聖公宗的官方聖經所包括的「次經」書卷(＊號表示該書卷包括在正典中；而＋號則表示只見於附錄)：

書名(英文名稱)	1.	2.	3.
多比傳(*Tobit*)	*	*	*
猶滴傳(*Judith*)	*	*	*
以斯帖記補篇(*Additions to Esther*)	*	*	*
所羅門智訓(*Wisdom of Solomon*)	*	*	*
便西拉智訓(*Wisdom of ben Sirach/Ecclesiasticus*)	*	*	*
巴錄書(*Baruch*)	*	*	*
耶利米書信(*Letter of Jeremiah*)，即巴錄書第6章	*	*	*
三青年之歌(*Songs of the Three Young Men*)	*	*	*
蘇撒拿傳(*Susanna*)	*	*	*
彼勒與大龍書(*Bel and the Dragon*)	*	*	*
馬加比一書(*1 Maccabees*)	*	*	*
馬加比二書(*2 Maccabees*)	*	*	*
以斯拉三書(*3 Ezra/1Esdrae/Esdrae I*)	+	*	*
以斯拉四書(*4 Ezra/2Esdrae*)	+		*
瑪拿西禱言(*Prayer of Manasseh*)	+		*
詩篇一百五十一篇(*Psalms 151*)	+	*	
馬加比三書(*3 Maccabees*)		*	
馬加比四書(*4 Maccabees*)		*	
所羅門詩篇(*Psalms of Solomon*)		*	
所羅門頌詩(*Odes of Solomon*)		*	

舊約次經可謂整個基督教(包括天主教、正教和新教)的一個灰色地帶。使用或不使用次經，原非一朝一夕的決定，不同教派對此均有自己很悠長的歷史傳統，反映著該教派歷代信徒的信仰生活。當我們處理這問題時，應以彼此尊重的態度加以包容。但要留意，包容別人的立場不等於要作出妥協或放棄自己的立場，能在不同立場中找到自己的位置，才是對信仰認真的人所應做到的。詳細的討論，參本叢書《聖經鳥瞰——進深篇》的第一章。

溫習及思考問題

a. 在基督教中，哪些教派接納舊約的次經，哪些卻不？

b. 在過去的日子中，你對舊約次經的認識有多少？你接納它的程度有多少？

c. 你對次經的立場是怎樣？

新約書卷

猶太人聖經(或舊約聖經)的信息可謂源於希伯來人或以色列人的宗教經歷，並從而建立了猶太教的信仰；而新約聖經則源於耶穌的生平及其跟隨者的事蹟，亦從而建立了早期基督教的信仰。基督教的信仰可謂建基在猶太教的信仰之上，同樣，新約聖經也建基在猶太人聖經之上。

與舊約經目的編排一樣，新約書卷也是按體裁而分類，主要分為歷史書和書信兩大類。雖然啟示錄的內容屬於天啟文體類，但由於全書仍以書信的結構來表達，故亦歸入書信類。

歷史書	書信		
馬太福音	羅馬書	帖撒羅尼迦前書	希伯來書
馬可福音	哥林多前書	帖撒羅尼迦後書	雅各書
路加福音	哥林多後書	提摩太前書	彼得前書
約翰福音	加拉太書	提摩太後書	彼得後書
使徒行傳	以弗所書	提多書	約翰一書
	腓立比書	腓利門書	約翰二書
	歌羅西書		約翰三書
			猶大書
			啟示錄

新約歷史書(包括使徒行傳)

新約歷史書可按內容分為兩類，第一類是有關耶穌生平言訓(4卷福音書)，另一類是關於耶穌的門徒(主要是彼得和保羅)如何建立教會、廣傳耶穌思想的記錄(使徒行傳)。就如舊約的歷史書一樣，福音書和使徒行傳並非符合現代觀念的歷史年鑒，而是以表達主題信息為主的敘述性故事。

事實上，福音書的體裁是相當獨特的，它可謂集戲劇性歷史記錄和天啟文體類作品於一身的混合文體。在福音書中，超過百分之七十五的篇幅是有關基督生平的敘述性記錄，包括他的出生、早年逸事、傳道行程、神蹟奇事、受死埋葬、以及復活升天等事蹟；而第二大部分的內容(大約有250節經文)則是有關耶穌言訓的論述性記錄，還有一小部分天啟文體類的內容。由此可見，福音書的體裁是混雜而獨特的。

太24章；可13章；路17.20~37；21章

參本系列之《耶穌生平與福音書要領》1.3。

這種多元化的混合文體，表明每位作者都嘗試用五花八門的方式來介紹那位中心的人物——耶穌。福音書之所以寫成，不僅是為了記錄**耶穌的言行**，或表揚他所施行的神蹟奇事，其中更重要的，是要挑旺信徒的信心，堅固他們的信仰。因此，福音書所載有關耶穌的言行，均取材於他在巴勒斯坦生活時的真實事蹟，而選取的目的則是要為早期的教會奠下信仰的基石。確認這個目的，對於我們閱讀新約福音書非常重要。作者們撰寫福音書，最主要的目的不是要記載耶穌的生平，而是要藉著耶穌的事蹟和言訓帶出作者的信仰。這亦是上帝要每個時代的人所認識的啟示。倘若我們按一般人的成長過程，把福音書對耶穌生平的記述分為階段：嬰童時期、幼年時期(至12歲)、少年時期和傳道時期，我們會隨即發現，福音書作者都不約而同地把焦點放在耶穌的傳道時期，尤其耶穌最後在耶路撒冷的一周所經歷的受審、被釘十架、死亡、埋葬和復活。明顯的，因為這是耶穌生命的高潮，亦是基督教信仰的核心。

● 4個活物的肖像

此外，雖然福音書的作者在撰寫各福音書時都抱著這些共同的目的，例如崇拜、宣教、護教等，但事實上，每卷福音書對耶穌這人物卻有不同的演繹，反映出不同作者的神學立場和旨趣。

在新約聖經中，我們共有4卷來自不同作者、取不同角度撰寫的福音書卷，即*馬太福音*、*馬可福音*、*路加福音*和*約翰福音*。教會領袖和學者們早已確認這4卷福音書的權威地位，特別是其中有關主耶穌的描述。最有名的是公元2世紀的里昂主教愛任紐(Irenaeus of Lyons，公元130~200年)對4卷福音書的定位，他引用啟示錄四章6至7節中約翰在異象裏所見到的4個活物肖像(「寶座的四邊有四個活物……第一個活物像獅子；第二個像小牛；第三個有一副人的臉孔；第四個像飛鷹」[*]；另參以西結書一章10節)來形容4卷福音書對主耶穌的描述： *啟4.7*

「獅子」代表約翰福音(因為獅子象徵效率、領導和王權)；

「牛」代表路加福音(因為路加福音的開首提及聖殿祭司的行列，象徵獻祭)；

「人」代表馬太福音(因為馬太福音是以家譜開首，展示人性一面)；

「鷹」代表馬可福音(因為馬可福音的開首引用以賽亞書，展示福音的翅膀形象)。

由於馬太、馬可和路加3卷福音書的資料來源和主題都非常相似，因而被統稱為「**符類福音**」。儘管符類福音在新約聖經中列於最前面，但其實除馬可福音之外，另外兩卷符類福音書的寫作時間均在大多數新約書卷之後，即大概是耶穌離世後30至40年後的作品。閱讀福音書時，你會發現相同的事件在不同的福音書裏往往有不同的描述，然而，早期教會仍保留了4卷，而不是1卷福音書，可見早期教會已留意到福音書之間的差別，並重視這些差別，因而沒有隨便定於一尊，卻保留了4卷互有出入的福音書，展示福音信息的豐富多面。

「符類」的希臘文synoptic意為「有同樣的觀點」。

如果4卷福音書代表著耶穌的事蹟，則*使徒行傳*就代表著耶穌離世之後，教會裏所發生的事。儘管書卷名為「使徒行傳」(*Acts of the Apostles*，意即「使徒們的作為」)，但內容卻並非記載所有使徒的事蹟，而是只集中在彼得和保羅身上，其中尤以保羅的角色最為顯著。因此，在早期的流傳史上，這書通常是與保羅的13封書信編集在一起。4卷福音書和使徒行傳的內容概述如下：

徒1~10章
徒11~28章

馬太福音	以耶穌的教訓為主，記述他的生平事蹟，從而強調耶穌就是猶太人期待已久、要來拯救他們的彌賽亞，他要實現上帝與以色列民之間所立的約。(作者：馬太；約公元85~90年間)
馬可福音	藉記述耶穌的生平事蹟，帶出他兼為「神子」和「人子」的身分。(作者：馬可；約公元65~75年)
路加福音	詳述耶穌的出生、成長、工作、受苦和復活，目的是要表達他是個完全的人，也是世人的救主。(作者：路加；約公元80年)

約翰福音	藉記述耶穌所行的神蹟、所講的言論，表明耶穌是基督，是上帝的兒子，相信他的人可以得永生。(作者：約翰；公元85~90年間)
使徒行傳	記述聖靈降臨的情形，並以彼得與保羅兩位使徒作焦點，詳述早期基督教會的建立及擴展到外邦的經過。(作者：路加；約公元80~90年間)

耶穌生平要事

主題	經文	內容撮要
1. 耶穌誕生	路2.1～7	耶穌出生前，羅馬政府正進行戶口登記，這造就了耶穌在伯利恆出生，應驗了先知預言彌賽亞出生的地點。
2. 牧羊人和天使	路2.8～12	當耶穌出生之時，有天使向牧羊人顯現，並宣布大喜的信息。
3. 奉獻給主	路2.21～38	耶穌出生後8天，他母親替他行奉獻之禮。他們在殿中遇到敬虔人西面和女先知安娜。
4. 東方訪客	太2.1～12	幾位東方的星象家得知猶太人的王已經降生，千里前來尋訪耶穌。
5. 逃往埃及	太2.13～14	希律王得知此事，下旨要殺耶穌。約瑟帶著嬰孩逃往埃及。
6. 孩童耶穌在聖殿	路2.41～50	耶穌漸漸長大，自小喜歡留在聖殿，聽猶太教師的教訓，學習律法。
7. 耶穌受洗	太3.13～17	耶穌長大成人，也盡諸般的義，接受洗禮。當時，上帝在眾人面前宣告耶穌是祂的愛子。

8. 耶穌受試探	太4.1～11	耶穌傳道之先，被聖靈帶到曠野接受魔鬼的試探。
9. 十二使徒	太10.1～4	耶穌傳道初期的首要任務，就是呼召十二門徒跟他一起傳道。
10.彼得對耶穌的認識	太16.13～20	耶穌的門徒彼得，認信耶穌是基督，是永生上帝的兒子。
11.改變形像	太17.1～13	耶穌帶了彼得、雅各和約翰上山，並在山上變像。上帝再次宣告耶穌是祂的愛子。
12.光榮地進耶路撒冷	太21.1～11	耶穌傳道的後期，受到羣眾的擁戴，他像王一般進入耶路撒冷。
13.為耶路撒冷哀哭	路19.41～44	耶穌看見猶太人的心剛硬，又知道耶城最後的結局，就為這城哀哭。
14.耶穌的最後晚餐	約13～14章	在門徒一同吃逾越節的最後晚餐中，耶穌為門徒洗腳，他也暗示他將要被出賣。他頒布新命令，預言彼得不認他，又預言門徒將來會再與他一起。最後他應許賜下聖靈給他們。
15.耶穌被捕	約18.1～11	當耶穌在客西馬尼園禱告後，就被羅馬兵丁捉去。
16.耶穌受審	約18.12～19.15	耶穌被捉到大祭司的院子接受審判。彼得隨著他進入院子，在那裏曾 3 次不認耶穌。
17.耶穌被釘十字架	可15.21～41	耶穌被帶去各各他山。途中遇到古奈利人西門，他被迫背起耶穌的十架。耶穌在各各他山上被釘十字架。
18.耶穌復活	太28.1～7	安息日早晨，一羣婦女在耶穌墓前遇見天使；天使宣告耶穌已經復活。
19.耶穌復活後向人顯現	路24.13～35	耶穌復活之後，在以馬忤斯路上向兩個門徒顯現，後又在耶路撒冷向門徒顯現。
20.耶穌升天	路24.50～51	耶穌復活40天後，被接到天上去。

耶穌的教訓（主題分類）

主題	馬太福音	馬可福音	路加福音	約翰福音
懷怒	5.21～26			
訓練門徒	10.34～39 16.24～28	1.14～20	9.21～27, 57～62; 14.25～33; 10.1～12	14.1～17.27
離婚與再婚	5.31～32	10.1～12	16.18	
永生	19.16～30		10.25～37; 18.18～30	3.1～21; 4.1～41; 5.19～47; 10.7～30; 12.44～50
信心	18.6～9; 21.18～22	11.20～25	17.5～6	
禁食	6.16～18	9.14～17	2.18～22	5.33～39
饒恕與赦罪	18.21～35; 26.26～29	1.14～15	7.36～50; 17.1～4	8.1～11
福氣	5.3～12		6.20～26; 11.27～28	
主自己	16.13～21; 20.17～19; 26.26～35	8.31～38; 10.32～34	4.16～30; 9.21～27; 20.1～8	3.1～21; 10.1～42; 11.17～27; 14.1～17.27
審判	11.20～24; 12.33～42; 25.31～46			12.44～50

論斷人	7.1～5		6.37～42	
上帝的國	5～7章, 13章; 18.1～5; 19.13～30; 20.1～25.46	1.14～15	13.18～30; 18.18～30; 19.11～27; 22.24～30	3.1～21
愛	5.38～48		6.27～36; 10.25～37	13.20～35; 14.1～17.27
重生				3.1～21
遵行上帝的命令	7.24～27		8.11～18	14.15～15.17
平安				14.27～31
遭受迫害	10.16～25			15.18～27
祈禱	6.5～7.5; 21.18～22	11.20～25	11.1～13; 18.1～8	
復活	22.23～33	12.18～27	20.27～39	
服事	20.20～28	10.35～45		13.1～20
納稅	22.15～22	12.13～17	20.19～26	
憂慮衣食	6.25～34		12.22～31	
財富	6.19～21,24		12.13～21, 32～34; 16.1～13; 18.18～30	
憂慮	10.26～31		12.4～7	14.1～14
敬拜				4.1～26

溫習及思考問題

a. 既然4卷福音書的中心人物都是耶穌，為何早期教會不將4卷福音書合成1卷？這4卷書的中心信息有何不同？

b. 試找幾位信徒一同研讀4卷福音書的其中一卷，讀畢後各自分享從書中所認識的耶穌。

c. 使徒行傳中有哪幾位中心人物？試簡略地描述他們的事蹟。

新約書信（包括啟示錄）

「書信」可謂新約聖經中一類很獨特的書卷，其中可分為個人性和羣體性書信兩類，內容主要針對當時不同地區教會在信仰和生活上所遇到的問題，提出指引和勸導。大多數書信都是按一定的格式來寫的，順次交代發信人、收信人、問安、內容和問候語等等。

在新約聖經中，這類書卷合共有22卷，包括保羅的13封書信(*羅馬書*、

哥林多前書、*哥林多後書*、*加拉太書*、*以弗所書*、*腓立比書*、*歌羅西書*、*帖撒羅尼迦前書*、*帖撒羅尼迦後書*、*提摩太前書*、*提摩太後書*、*提多書*、*腓利門書*)和9封出自其他人手筆的書信(*希伯來書*、*雅各書*、*彼得前書*、*彼得後書*、*約翰一書*、*約翰二書*、*約翰三書*、*猶大書*、*啟示錄*)。

大部分書信是羣體性的。作者就如老牧者，寫信給年青的信徒或教會，勉勵他們，甚至責備他們，期望他們能在主耶穌基督的真道上站穩。這些書信主要是議論性的，往往就某個主題作詳盡、邏輯性的討論。

新約的最後一卷書啟示錄，描寫了人類末日的景況，正好與舊約的第一卷書創世記形成對比；全書乃用象徵手法寫成，強調上帝終會執行公義，「善有善報、惡有惡報」的永恆真理必會顯明，藉此安慰在苦難中的信徒。部分舊約書卷也有類似的題材。

各卷新約書信(包括啟示錄)的內容概述如下：

羅馬書	詳細解釋「因信稱義」這教義，亦教導信徒如何把信仰落實在生活中。(作者：保羅；公元56~57年間)
哥林多前書	針對教會內部的問題，提出處理的方法，並勸勉教會信徒在所處的社會中實踐信仰。(作者：保羅；公元54~55年間)
哥林多後書	保羅為自己的使徒身分作出申辯，並剖白他對教會的愛與關懷，且教導信徒過彼此相愛和合一的生活。(作者：保羅；公元56年)
加拉太書	對猶太人視遵守律法為得救的必須條件予以駁斥，從而申明何謂基督徒的自由，堅持只有靠信心才能稱義。(作者：保羅；公元50年代中期)
以弗所書	闡述教會的特性，解釋基督與教會的關係，並勸勉信徒過彼此合一的生活。(作者：保羅；公元60~62年間)

腓立比書	保羅分享他個人在信仰歷程上的經驗，並他在獄中對喜樂和滿足生活的體會。(作者：保羅；公元60~62年間)
歌羅西書	透過糾正教會對基督身分和地位的誤解，強調基督的尊貴和榮耀，從而確立基督是惟一拯救的根源。(作者：保羅；約公元60~62年間)
帖撒羅尼迦前書	保羅著意鞏固信徒對上帝的信心，勸勉他們追求聖潔的生活，並要對主再來充滿盼望。(作者：保羅；公元50~51年間)
帖撒羅尼迦後書	進一步澄清信徒對主再來的誤解，勉勵他們以等候主的心態，積極地過聖潔的生活。(作者：保羅；公元50~51年間)
提摩太前書	保羅勸勉提摩太謹守真道、防備異端，並分別就敬拜應有的秩序、領袖的品格及牧養不同信徒應有的態度等幾方面作出提點。(作者：保羅；約公元63~64年間)
提摩太後書	保羅藉著分享他個人事奉的感受與信念，囑咐提摩太要盡心竭力地服事教會，也要效法他，矢志傳道。(作者：保羅；約公元65~67年間)
提多書	保羅囑咐提多要維持教會的秩序和堅守純正的教導，並要立志過敬虔的生活。(作者：保羅；約公元63~64年間)
腓利門書	保羅請求腓利門饒恕那出逃的奴隸，並在基督裏接納他為弟兄。(作者：保羅；約公元60~62年間)
希伯來書	為基督教信仰申辯，闡明基督的超越性，從而顯示基督教信仰超越猶太教信仰的根據。(作者不詳；約公元70年)
雅各書	雅各指責那些假冒為善的信徒，指出信心與行為的密切關係，勉勵信徒將信仰和生活結合。(作者：雅各；公元55~63年間)
彼得前書	以屬天的盼望作主題，安慰和鼓勵那些為信仰受苦的信徒。(作者：彼得；公元64~65年間)
彼得後書	提醒信徒要防備異端，勸誡他們要持守真理，在信心和知識上長進，盼望基督的再來。(作者：彼得或其他人；公元67~90年間)

約翰一書	闡述與上帝相交的真理，鼓勵信徒學習在基督的愛裏彼此分享，且叫信徒確信自己有永生，並勸勉他們持守真理，不受異端的迷惑。(作者：約翰；公元90~95年間)
約翰二書	重申信徒彼此相愛的重要性，警告他們防備假師傅。(作者：約翰；公元90~95年間)
約翰三書	談論信徒應如何接待客旅，勸告他們不可接待傳異端的人。(作者：約翰；公元90~95年間)
猶大書	嚴厲指責假師傅，勸勉信徒要積極持守基督的真道。(作者：猶大；公元60~65年間)
啟示錄	約翰申明基督的主權，指出基督的國度快將來臨，並要得最終的勝利，而列國及一切罪惡都要服在上帝的審判之下。(作者：約翰；約公元95年)

有趣的聖經資料

1. 舊約和新約分別計有929章和260章，約共31,000節。
2. 最短的篇章是詩篇117篇。
3. 最長的篇章是詩篇119篇。
4. 最短的經節是帖撒羅尼迦前書五章16節(原文只有2個字！)。
5. 最長的經節是以斯帖記八章9節。

溫習及思考問題

a. 聖經書信所採用的格式是怎樣的？試從其中一卷書信中尋找這格式，並將其格式各部分的經節列出。

b. 新約書信中，哪些是個人性的書信？哪些是羣體性的書信？

c. 啟示錄與其他書信有何不同？

d. 保羅寫給教會的幾卷書信中所談論的問題，是否與你教會的問題相同？對於這些問題，你有甚麼意見？

第三章

兩約的關係

- 耶和華／上帝
- 舊約和新約的信息
- 預言與應驗
- 預表與對範

舊約和新約既然是聖經的兩部分，我們就把它們看為上帝啟示的兩個部分。如此，兩者當然有密切的關係。但如何具體地表述和理解這關係，卻往往有相當不同的方式。

傳統認為「新約是舊約的延續」，甚至強調：新約包含在舊約裏面，舊約在新約裏得到了解釋。但也有認為，傳統這樣的看法似乎暗示，在沒有新約聖經的整個舊約時期裏，人民都被蒙在鼓裏；這確實有違上帝對舊約人民啟示的原則。今天的學者都嘗試持較為中立的立場：一方面既肯定兩個約之間的延續性，認為舊約聖經的某些教訓在新約聖經所揭示的大原則下，的確更能顯明其深層意義；但另一方面，又嘗試給予舊約聖經獨立的地位，謹慎地尊重傳統猶太人對他們經典的解釋。

不過，話説回來，基督教聖經集「舊約」與「新約」於一身，顯然反映一個以基督為中心的信念，相信新約乃建基於舊約，且成全舊約。本書(以及整個系列)既以基督教信仰為依據，我們當然也是堅持這立場的，深信兩約之間確實存在著延續性的關係，並確認若上帝的啟示和聖經沒有新約部分，是不完整的。

在這裏，我們試從3個角度來表述這種新舊約之間「既延續又獨立」的關係：(1)指稱上帝的名字；(2)兩約的信息；(3)預言和預表。

耶和華／上帝

新約聖經明確地表明，新約教會所敬拜的上帝就是以色列人所敬拜的那位。然而，兩個約的信徒卻各自表述自己所敬奉的上帝的名稱。舊約聖經主要以兩個希伯來文名字來稱呼上帝：「神／上帝」（**複數，即*Elohim***；而單數是*El*，音譯「伊利」）和「耶和華」（*Yahweh*，音譯「雅威」；中文或譯「上主」）。

可能是因為「上帝」這名稱是以複數數式表達，在舊約聖經裏，上帝有時也以複數的代名詞自稱，學者稱這種複數為「莊嚴式複數」，例如創世記一章26節：「上帝說：『我們要照著自己的形像，自己的樣式造人……』」。

「神／上帝」這名稱是一般性的用語（相等於英文*god*），異教徒也會用這詞來稱呼他們的神明。但「**耶和華**」這名字則較特別，雖然這名字有見於一些異教文獻，而且可能於以色列民族成形之
創4.26 先已為人採用，但古以色列人可謂是最能發揮這「耶和華觀」的民族。「耶和華」這名字的意思可能是「我是自有永有」或「我就是萬有的源頭」；這表明祂是今在、永在的全能者，是萬有的源頭；耶和華上帝是所有現存之物的源頭，祂要成就自己對百姓和整個創造的旨意。

為甚麼古以色列人用不同的名字來指稱同一位上帝？這問題很難解釋。但有一個可能，就是當以色列人遷徙到不同地方時，遇到不同的族羣，漸漸借用了別人對其神明的表述，來指稱他們自己所信奉的上帝。不過，要留意的是，表述上帝的名稱只是個符號，儘管以色列人與其他族羣採用相同的符號名稱，但他們所表述的對象卻完全不同，這才是最關鍵的。

有關「耶和華」這名字的來源，參第六章「聖經語言」之「希伯來文和亞蘭文」一節。

後期，當猶太人用希臘文來表達其信仰時，他們採用*theos*（「上帝」）來翻譯*Elohim*，用*kurios*（「主」）來代表*Yahweh*／耶和華。新約作者和早期

教會領袖常稱耶穌基督為「主耶穌」，明顯地帶著非常濃厚的舊約意味，強調他們所跟隨的「耶穌」就是猶太人所供奉的「耶和華」；換言之，「主耶穌」也就是舊約耶和華的彰顯。從指稱上帝的名字，我們可以看到，舊約和新約的信徒雖有各自獨立的表述，但兩者之間是有其延續性的。 *徒2.21,36; 羅10.9; 腓2.11*

以色列人對上帝的稱謂

由*El/Elohim*和*Yahweh*這兩個名字衍生了多個稱銜，都是古以色列人用來形容和記念他們所經歷的上帝的。

名稱	意思	參考經文
上帝*Elohim*	全能者	創1.1
耶和華（伊利）*El*	大能者	出6.3
伊利以羅安*El-Elyon*	至高的上帝	創14.18～22
伊利沙代*El-Shaddai*	全能的上帝	創17.1
伊利俄蘭*El-Olam*	永活的上帝	創21.33
上主／耶和華*Yahweh*	自存者	出3.14
耶和華上帝*Yahweh-Elohim*	上主上帝	創2.4
耶和華以勒*Yahweh-Jireh*	上主必預備	創22.13～14
耶和華拉發*Yahweh-Rapha*	上主是醫治者	出15.25
耶和華尼西*Yahweh-Nissi*	上主是我的旌旗	出17.15
耶和華沙龍*Yahweh-Shalom*	上主賜平安	士6.24

耶和華沙瑪*Yahweh-Shammah*	上主在此	結48.35
耶和華齊肯努*Yahweh-Tsidkenu*	上主是我們的公義	耶33.16
耶和華羅希*Yahweh-Raah*	上主是我的牧者	詩23.1
耶和華沙巴奧*Yahweh-Sabaoth*	上主是萬軍的統帥	詩46.7

溫習及思考問題

a. 以色列人為何以兩個名稱稱呼他們所信的神？這兩個名稱有何分別？

b. 上帝兩個名稱的希臘文翻譯是甚麼？

c. 以色列人用了許多名稱來形容他們所經歷的神。在你的信仰生活中有沒有類似的經歷呢？試列出與這些經歷相關的耶和華的名稱。

舊約和新約的信息

雖然舊約書卷跟新約書卷的作者不同，寫作年份也有很大的差距，但若以新約是進一步發展舊約的角度看(也就是新約教會所採取的角度)，新約中有些主題和內容的確顯示著一種「既延續又獨立」於舊約的發展。我們在本書開首所討論的「聖約」觀念，就已是一個明確貫穿舊約和新約的主題。還有很多其他主題同樣展示這種貫穿的關係，例如「救贖」、「上帝的愛」等等。

以下嘗試列出舊約中與救贖有關的信息主題，並對照它們在新約中的進一步發展：

舊約	新約
藉著摩西而成立的，主要的受惠者是以色列人。	藉著耶穌基督而成立的，受惠者是全人類。
描繪人類從無罪的狀態中墮落，與上帝隔絕。	講述信徒藉著耶穌基督的犧牲，與上帝復和。
預言將有一位救主，拯救眾人脫離永遠的定罪。	揭示耶穌基督已帶來了這個救恩。
大部分經文都聚焦於一個救贖體系，即用動物的血暫時解決了罪的問題。	耶穌基督以自己的死作了贖罪祭，一次過解決了全人類的罪的問題。
大量預言講說一位彌賽亞將要拯救他的子民。	強調這些預言一一應驗在耶穌基督身上。
開首記述男人和女人居住在地上首次建立的樂園裏。	以新天新地的異象作結。

新約之「新」在……

有何新事？	參考經文	有何意義？
1.新的命令	約13.34；約壹2.7～8；約貳5節；比較太22.34～40	舊約說：「要愛自己的鄰人，像愛自己一樣。」(參利19.18) 耶穌基督卻吩咐我們要彼此相愛，正如他愛我們一般。
2.新的創造	林後5.17；加6.15；比較羅5.14,6.4～6	耶穌基督賜屬靈生命給一切相信他的人。
3.新天新地	彼後3.13；啟21.1	上帝將會在那新的天地裏展示祂自己。
4.新人	弗2.15	猶太人與外邦人在耶穌基督裏合而為一。
5.新我	弗4.24	這「新我」使基督徒能達到上帝公義的標準。
6.新約	耶31.31～34；來8.8～13；比較林後三章	上帝將祂的律法放在人的心裏。
7.新耶路撒冷	啟21.2	在新耶路撒冷，上帝成為人的光，這是天國的圖像。
8.新歌	啟5.9,14.3	這是一首關於信徒被拯救的歌。

溫習及思考問題

a. 透過整合第一章與本節的內容，以你個人的表達方式，試描述舊約與新約的關係。

b. 仔細研讀新約聖經裏談及「新」事的經文，在其中尋找你現已擁有的「新」事。

c. 試列出舊約中與「上帝的慈愛」有關的信息主題，並找出它們在新約中的進一步發展，作一表列對照。

d. 思考今天作為基督徒的你所擁有的權利和好處，是如何超越了舊約時代選民所擁有的。

預言和預表

上文雖説先知書不是「對未來事件的預言」，而是「揭示上帝傳達給人類的信息」，然而「預言」(prophecy)的工作仍然是「先知」(prophet)宣講工作中一個非常重要的環節。至於新約作者經常企圖以舊約聖經來引證新約教導的做法，則稱為「預表」。

與占卜不同，聖經中的「預言」並非對將來的任何事件都作出猜測性或未知式的預告，而是具體地指向某特定時間要發生的事件，這事件往往與信仰有關。

耶穌基督既是新約聖經的核心，新約作者自然會認為舊約聖經中的一些預言（特別是對彌賽亞的預言）都應驗在耶穌基督身上。在這方面，最明顯的例子就是馬太福音，在馬太的筆下，耶穌一生中的重要事蹟，在舊約中全都早已預言。以下列出幾段馬太福音中的經文，指出耶穌如何應驗舊約所預言的彌賽亞：

生平事蹟	馬太福音	舊約聖經
1. 他由童女所生	「有童女將懷孕生子，他的名字要叫以馬內利。」（「以馬內利」的意思就是「上帝與我們同在」。）（一23）	主要親自賜給你們一個記號：有閨女要懷孕生子，並要給他取名「以馬內利」【原來希伯來文的意思是「上帝與我們同在」】。（賽七14）
2. 他出生的地方	「猶大地區的伯利恆啊，你在猶大諸城邑中並不是最小的；因為有一位領袖要從你那裏出來，他要牧養我的子民以色列。」（二6）	上主說：「以法他地區的伯利恆啊，在猶大諸城中，你是一個小城。但是我要從你那裏，為以色列選立一位統治者；他的家系可追溯到亙古。」（彌五2）
3. 他醫病	他這樣做正應驗了先知以賽亞所說的：「他背負了我們的軟弱，擔當了我們的疾病。」（八17）	但是，他承當了我們的憂患；他擔負了我們該受的痛苦。我們反認為他該受責罰，該受上帝的鞭打和苦待。（賽五十三4）

4. 他進入耶路撒冷	去告訴錫安城的兒女：看哪，你們的君王來了！他謙遜地騎在驢背上，騎在小驢的背上。（二十一5）	錫安的居民哪，要歡喜快樂！耶路撒冷的人民哪，要歡呼！看，你們的君王來了！他得勝，凱旋而來，卻謙虛地騎著一匹驢——騎著一匹小驢。（亞九9）
5. 他被摒棄	後來，耶穌對門徒說：「今天晚上，你們都要為我的緣故離棄我；因為聖經說：『上帝要擊殺牧人，羊羣就分散了。』」（二十六31）	上主——萬軍的統帥說：「刀劍哪，醒來吧，襲擊為我做工的牧人！殺了牧人，羊羣就四散。我要擊打我的子民。」（亞十三7）
6. 他在十字架上呼喊	到了下午三點鐘左右，耶穌大聲呼喊：「以利！以利！拉馬撒巴各大尼？」意思是：「我的上帝，我的上帝，你為甚麼離棄我？」（二十七46）	「我的上帝！我的上帝！你為甚麼離棄我？我哀號求助，你為甚麼不來幫助我？」（詩二十二1）

其他：

耶穌童年到埃及	太2.14～15和何11.1
耶穌作僕人的身分	太12.18～21和賽42.1～4
耶穌用比喻來教導	太13.34和詩78.2
耶穌的神性身分	太22.44和詩110.1
耶穌的再來	太26.64和但7.13
耶穌遭拒絕	太21.42和詩118.22
耶穌在十字架上被譏笑	太27.43和詩22.8；太27.39～40和詩22.7
耶穌在十字架上嘗了酸醋	太27.34, 48和詩69.21
耶穌在十字架上，士兵抽籤分了他的衣服	太27.35和詩2.18
耶穌被埋葬	太27.57～60和賽53.9

另一種與預言頗為相似的是「預表法」(typology)。這種方法是指在歷史上出現兩件以上的事情或物件，後人回顧時，認定早前的事情或物件是「預表」(type)，而後期出現的事情或物件是之前所預表的「對範」(antitype)；這與一般人所謂的「預兆」相當接近。

「預表法」與「預言」相似的地方是，兩者的最終意義都是將來式的，從新約作者的角度來看，即要在新約時代才能圓滿地應驗或實現出來。至於兩者的不同之處則是：說預言的人往往知道自己所宣講的信息要到將來才成就；但「預表」在「對範」出現之先，根本不會被察覺出來，因為意識到預表法的人往往都是在「對範」出現後，才領悟昔日的表述原來是「預表」。有兩段經文可以展示出，作者如何使用「預表法」以之前的事件解釋後來的事件：

1. 希伯來書九章24節：「基督並沒有進入人手所造的聖所；那不過是真的
聖所的副本。他進到天上，替我們站在上帝面前。」文中的作者是要以
那「副本的聖所」(預表)和「真的聖所」(對範)作對比，為要指出猶太人
來8.5 聖殿裏面的聖所是暫時和不完美的，真正的聖所是在天上。
2. 彼得前書三章21節：「這水就是預表洗禮。這洗禮現在拯救了你們，不是洗滌你們身體的污垢，而是以清白的良心向上帝許願；這洗禮藉著耶穌基督的復活拯救了你們。」作者要指出，在族長時期挪亞一家經歷洪水的事(即文中的「這水」)，其實是預表初期教會中的「洗禮」。兩件事情的共通處是：就如昔日挪亞一家經過洪水得救，同樣，那些相信這「洗禮」能力的人也可藉此而得救。

聖經中「預表和對範」的組合相當多，大多數都是與主耶穌有關的，以下列出幾個例子作參考：

舊約的預表	新約的對範
舊約獻祭中所使用的代罪羔羊和其他動物(利十七11)	主耶穌猶如代贖羔羊，一次過為全人類代贖(約一29；來九28；彼前一19)
猶太人的逾越節(利二十三章)	主耶穌作為代贖者(林前五6～8)
先知約拿連續3天在大魚肚中的死亡經歷(約拿書)	主耶穌的埋葬和3天後的復活(太十二39)
希伯來人的經歷，如嗎哪、摩西舉起的銅蛇(民二十一4～9)	主耶穌才是天上的糧和救贖(約六48～50；約三14)
作為祭司的麥基洗德(創十四17～20)	照著麥基洗德的等次永遠作為祭司的主耶穌(詩篇一一零篇；來七1～11)
作為先知的摩西(申十八15～18)	一位將要來又比摩西偉大的先知(約六14，七40；來三2～5)

有些預表則較一般性，例如新約聖經的作者會以舊約希伯來人的一些經歷，如出埃及和在曠野飄流的事件，來作為信徒的鑒戒。此外，有些預表則是以「代表人物」的形式出現，例如亞當的兒子亞伯就作為無辜受害義人的代表(他的獻祭也可作為主耶穌救贖的預表)，而該隱就作為邪惡者的代表。

林前10.1~10；猶5節

來12.24

約壹3.12

無論是預言還是預表，這些觀察都是建基在新約延續舊約這關係之上，而明顯地，猶太教信徒和不接受聖經中默示觀的人，對於這種預言的應驗或預表的對範的確認，自然會有所保留。

a. 試解釋「預言」、「預表」、「預表法」和「對範」等詞語的意思。

b. 聖經的預言與占卜有何分別？

c. 猶太教信徒和不接受聖經中默示觀的人，對於預言的應驗或預表的對範抱相當保留的態度，你認為是甚麼原因令他們持這種態度？

d. 從「預表與對範」的表列中，可發現舊約所預言的都應驗在耶穌基督身上了。這會否令你對上帝所預言關於將來的事情有更大的信心？

e. 對上帝的預言有信心，如何影響你的人生觀和對將來的盼望？

第四章

聖經是上帝所默示的

- 上帝的默示／靈感
- 上帝對舊約的靈感
- 上帝對新約的靈感

許多寫作的人都喜歡用inspire(「靈感」)一詞來形容驅使他/她寫作的原動力，意指在寫作的過程中，他/她從某處得到的啟發或創意。不過，世界上數以百萬計的著作中，只有1本是真正出自「上帝的啟示(靈感)」。

聖經告訴我們這個事實：「全部聖經是受上帝靈感而寫的。」因此，當我們說「聖經作者受上帝的默示」，我們是指上帝將寫作的信息賜給他們。按希臘文字面的意思，「靈感」是指「上帝說出來的」，甚至是「上帝呼出來的」。換句話說，聖經的信息都是來自上帝，而透過人撰寫出來的。使徒彼得堅持這一點，他說：「[20]……聖經裏的一切預言都不可按照自己的意思解釋。[21]因為，從來沒有預言是出於人的意思，而是先知受聖靈的感動把上帝的信息傳達出來的。」 提後3.16 彼後1.20~21

希伯來書的作者在書首就清楚指出，上帝啟示的來源是多元化的：「在古時候，上帝多次用多種方法，藉著先知向我們的祖先說話。」不單是「在古時候」，就是在新約時期，上帝的啟示也是多元化的，其中的方法包括：直接說話、天使、異象和夢、世界局勢，以及發生在作者周圍的事情(例如上帝藉著哥林多城教會的狀況向保羅說話)。 來1.1

儘管聖經最初是用古代希伯來文，及其姊妹語言亞蘭文並希臘文寫成，且合30多位作者之力，歷時1500至2000年才完成；但其重要的關鍵是：眾聖賢都是受聖靈所感，說出上帝的話來。這句話亦是理解聖經成書的關鍵。數千年前，上帝挑選了摩西、大衛、以賽亞、耶利米、以斯帖和但以理等人，領受祂的話語，並記錄下來；他們所記錄下來的內容就成了舊約聖經的書卷。約2000年前，上帝又揀選了另外一些人，如馬太、馬可、路加、約翰和保羅等，傳達新約的信息，那就是藉耶穌基督得著救恩的信息；他們所記錄下來的內容就成了新約的書卷。

「上帝的話」有如……

腳前的燈	詩119.105
路上的光	詩119.105
水	弗5.26
種子	彼前1.23
火	耶20.8～9, 23.29
雙刃的劍	來4.12
大錘	耶23.29
靈糧	耶15.16
蜂蜜	詩119.103
食物（或餅）	太4.4
靈奶	彼前2.2
乾飯（肉）	來5.12～14

溫習及思考問題

a. 聖經作者如何得到上帝的「默示」而寫成聖經？

b. 聖經作者用了多個比喻來形容上帝的話，在你的讀經和信仰生活中，又曾否經歷作者所形容的呢？

對舊約的靈感

上帝用各種不同的方式向人説話，傳達祂的信息。舊約聖經中，有些作者直接從上帝領受了信息，例如摩西在西奈山上與上帝面對面時，就直接從上帝那裏領受了寫在石板上的十條誡命；大衛領受上帝的啟示，寫成了對上帝吟誦的詩歌。至於對以賽亞和耶利米兩位先知，上帝則準確地將要傳達的信息告訴他們，因此，他們所傳達的信息可謂就是上帝的話，而不是自己的言語，也是因為這緣故，許多舊約先知常常在言論中申明：「這是主所説的」(這句話在舊約聖經中出現了2000多次)。而對但以理而言，上帝則藉著異象和異夢來傳達祂的信息。這些先知將所看見、所領受的一切，無論是否理解，都如實記錄下來。

有一些記載(例如歷史記載)需要孕育一段很長的時間，才用文字表述出來，但整個過程依然在上帝的手中。在歷史上，由某事件的發生到文字記錄的出現，往往經歷一段很長的時期，研究人類文化成形的學者就提出了以下可能的過程：

1. 事件發生；
2. 判斷期：某些人對該事件作出反省，並確認其流傳價值；
3. 流傳期：不同人把故事流傳下去，又藉著不斷的複述，重申確認故事的重要性；
4. 定型期：在流傳中，故事的內容漸漸定型，並且可能在一些羣體聚會中被公開複述，又或併入一些禮儀性的表述中。

當事件的表述方式定型了，文字記錄的規範亦隨之成形。在這個錯綜複雜的過程中，我們深信上帝的帶領。由於舊約內容所涉及的時期非常長遠，所以認識這個文字記錄成形的過程就非常重要；很多發生在遠古時期的故事（如以色列人祖先亞伯拉罕的事蹟），都可能經過這過程。

規範性傳統的形成

究竟聖經作者撰寫聖經的念頭是如何得來的呢？讓我們來猜想：

> 約於三千多年前某月某日的清早，在西奈曠野的某一個角落，突然間，摩西從上帝那裏得知自己要寫五本書。於是他一起牀就立刻開始寫創世記，然後是出埃及記，最後還預言自己的去世和埋葬的地方。

又或：

> 摩西在埃及時已經想撰寫「聖經」，於是他把每一件事，包括十災和出埃及的經過都即時記下，甚至一邊帶著一百萬以色列人過紅海，一邊寫下這神奇的經歷。

事情就是這樣發生的嗎？當然有此可能！但我們亦可考慮另一種方式，可能更能配合當時以色列人的處境。

首先，五經中的誡命部分對確立以色列人為「上帝子民」的身分非常重要，所以這些律例可能早已在聖經正典成形之前已成為規範。這些律例，有些是摩西在西奈山上從耶和華口中所領受的（例如十誡），但有些則可能 出21~31章
是摩西後來補上，或是由其他人補上的。毫無疑問，對於以色列人而言， 書24.26
這些律例是他們信仰的核心，是「正典中的正典」，亦成為日後猶太教羣體用來衡量其他書卷正典地位的準繩。這些律例的流傳必定相當準確，亦迅速地定型下來，以便以色列人嚴加遵守。

至於五經中的其他內容，例如事蹟的記述，其流傳方式和形成過程則大概與世上其他古老民族的歷史相差不遠，都曾經歷一段很長的「口述流傳」時期。

對於現代人來說，信仰是種「宗教」，而在很多人眼中，宗教是可有可無的；但遠古的人卻不然，他們每個人都有信仰，而信仰就是他們的生活。對古以色列人來說，就更是如此。舊約聖經記載了很多歷史故事，如洪水的故事，亞伯拉罕、以撒、雅各和約瑟的遭遇等等，都反映古以色列的先祖（即希伯來人）如何在生活中經歷上帝和認識上帝。這些故事代代相傳，雖有各樣不同的流傳方式，但主要還是靠「口傳」。

我們不妨想像以色列人生活中的一些片段：在滂沱大雨後，當人們看

見彩虹便記起上帝對人類的承諾；又或在傍晚時分，年老的長者在帳幕前圍坐生火，招聚一羣小孩子圍繞著他們坐下來，然後將列祖飄流的故事告訴他們；又或當古以色列人在曠野那40年裏，那些在曠野出生的孩童自幼就誦唱著摩西或美莉安(即《和合本》的米利暗)向耶和華稱頌的詩歌。這些故事就在每日的生活裏流傳下來。在遠古時期，當以文字記載的方式還未普及的時候，故事和歷史就是靠著這樣「口述流傳」的方式，代代相傳，成為他們生活和文化的一部分。學者們相信，很多古代民族也都經歷過類似的階段。

由於這些故事並非一些無關痛癢的事蹟，乃是涉及他們先祖的屬靈經歷，記載著他們和先祖們所供奉的上帝的作為，所以這些事蹟世世代代地相傳下去，成為他們抗敵的力量、敬拜的內容，甚至是文化的基礎和一切習俗的依據。我們深信，古以色列人必定小心翼翼地把這些故事保存下來。事實上，摩西所撰寫的五經，特別是創世記中的故事，顯然都是當時人所共知的；而在創世記成書後，當其中的故事在會眾中被宣讀出來時，會眾完全不會感到陌生，因為這些都是他們老生常談的故事。

你認為古以色列人讀創世記與現代信徒讀創世記，在心情上有何分別？

同樣，舊約聖經中很多歷史故事，無論是約書亞記和士師記的士師事蹟，或是撒母耳記上下和列王紀上下的列王事蹟，在未被記錄以先，早已是民間所熟悉的故事，且一直流傳下來。還有那些偉大先知(如以賽亞、耶利米等)的訓言，在以他們為名的先知書面世之先，亦早已成為長老們和後期的先知們用來教訓人民所引述的內容。

總括來說，我們必須認定，在正典書卷面世或成典之先，已有其「規

舊約聖經曾提及約35卷其他的書卷(如撒下一18提及的《雅煞珥書》，代上二十九29提及的《先知迦得的史冊》等)；這些書卷雖然都沒有被列入正典，但其內容卻包含很多寶貴的資料。

範性」內容。古以色列人在未有(舊約)聖經之先，**早已有上帝的話語流傳**；就如猶太人在還未有以賽亞書以先，就已經有以賽亞書的信息一樣。這些世代相傳的傳統，乃在一個民族的漫長歷史裏漸漸流傳凝聚而成的，並不會因一人一時的意志而轉移；正是憑這傳統規範所立下的準繩，以色列人(或猶太人)得以辨別和確認日後成書的正典書卷。

a. 舊約作者如何直接領受上帝的信息？

b. 試重溫舊約歷史事件寫成的過程。你對這過程有何感想？

c. 上帝用了許多方式向祂的僕人啟示祂的話，試從聖經裏尋找不同方式的例子。

d. 你認為哪種啟示的方式是最直接的？原因何在？

對新約的靈感

耶穌是以人的形像出現的上帝，新約的一切都建基在耶穌的言語和行為上。儘管耶穌沒有為我們寫下片言隻語，但在他離世前，他告訴門徒，他將差遣聖靈到門徒中間，而聖靈的工作之一，就是引導信徒進入一切的
約14.26; 15.26; 16.13~15 真理。那些寫福音書的人得到聖靈的幫助，能回憶起耶穌的言行；而撰寫其他新約書卷的作者，在寫作過程中也同樣得到聖靈的引導。後來，在傳播過程中，福音書逐漸贏得了與舊約聖經同等重要的地位，因為大多數早期的基督徒都相信，這些新約書卷也是上帝所默示的。

然而，值得留意的是，寫作福音書的靈感並非始於筆尖與**蒲草紙**接觸之時。使徒馬太、彼得(馬可代筆)和約翰與上帝的兒子耶穌基督同行，親身聆聽耶穌的教誨，因此，蒙啟示的時間可謂從那時已經開始。使徒們與耶穌同在的經歷自此永遠改變了他們的生活，在他們的靈魂深處留下了永不磨滅的印象。

蒲草紙是新約時期最普通的書寫材料，由植物造成，大多數學者都相信，新約的原稿是寫在蒲草紙上的。

我們來看看使徒約翰在其福音書的緒言中的宣告：「道成為人，住在我們當中，充滿著恩典和真理。我們看見了他的榮耀，這榮耀正
約1.14 是父親的獨子所當得的。」其中的「我們」是指那些與耶穌同在3年多、親眼見過耶穌榮耀的使徒。約翰在其首卷書信中，將此緒言作進一步的擴展，他寫道：「……這生命之道，我們聽見了，親眼看見了；是的，我們已經看
約壹1.1 見，而且親手摸過。」以上所引的兩段經文中，所用的動詞都是現在完成時態，表示事件乃在過去發生，但其果效卻一直延續到現在，並產生持久的影響力。約翰藉此要表達的意思是：那些與耶穌同在時的各種經歷，他是

絕不會忘記的。換言之，這段與耶穌同吃同住、充滿激情的日子，雖然門徒們(包括馬太、約翰和作為馬可福音資料來源的彼得)都是在多年以後才筆錄下來，但印象可謂未嘗模糊的。至於路加，他雖未曾親身見證耶穌，但他所
寫的福音書，仍是根據那些曾與耶穌同在之人的陳述。 路1.1~4

至於書信的啟示，也可追溯到作者所經歷的主耶穌。最主要的書信作者
保羅一再宣稱，他的啟示乃來自所經歷的復活基督；彼得也宣稱他自己的寫 林前15.8~10
作是基於所經歷的永活基督；同樣，約翰也聲稱，他在耶穌傳道期間和復活 彼前5.1; 彼後1.16~18
之後，經歷了顯而可見、實實在在的主；至於雅各和猶大，雖然他們沒有直 約壹1.1~4
接作類似的申明，但既然他們都是耶穌的兄弟，又在看見耶穌復活(雅各肯
定見過復活的耶穌；猶大則可能見過)之後歸信了他，按理，他們也必從與 林前15.7 徒1.14
永生基督的相遇中獲得靈感。因此，我們可以說，絕大多數新約書信的作者都親身認識主耶穌，這種關係使他們有資格成為新約聖經的作者，也使他們有別於其他著書的人，不管那些人的著作有多好。

a. 新約作者是如何得到靈感寫書的？

b. 我們如何確認新約聖經是上帝的啟示？

c. 聖經作者得到上帝的靈感寫書，那麼讀經的人是否也有上帝的靈感動去明白聖經呢？這與理性的讀經方法有沒有矛盾呢？

新的規範傳統

舊約最後一卷書——瑪拉基書——寫成後約400年，上帝的兒子耶穌
太5.17~19; 路16.17; 約10.35 基督降世。在主耶穌的教訓中，多次確認了舊約聖經的權威性，此外，耶穌
路24.27 更常指出，某些舊約經文正預表了他生活中的某件事。至於新約的眾位作
者，也確認舊約聖經是出於上帝的啟示，例如使徒保羅就在上帝的啟示下
提後3.16 寫出這樣的話：「全部聖經是受上帝靈感而寫的。」保羅的表述，顯然不
是指著他自己的書信或別的新約書卷，而是指舊約聖經。又如彼得，正如前
面已經提到，他曾說過舊約先知是受聖靈所感，說出上帝的話來。

從新約聖經中我們可見，舊約聖經的權威地位早於新約時代已奠定下來，不過，耶穌和使徒們卻甚少直接教導舊約聖經，而是引用舊約聖經作為

「新的」教導的根據，又或把舊約聖經重新解釋、重新定位。因此，在耶穌3年多的傳道生涯中，他既引述舊約聖經，同時又把自己教導的權威與舊約相提並論。這種以主的權威凌駕舊約的解經方法一直延伸至使徒時代。在保羅的書信裏，雖然保羅討論耶穌的言行不多，但他也曾引述耶穌的吩咐作為權威性的教導，特別是在哥林多後書三章14至16節，保羅特意指出，真切了解舊約的鑰匙是在「主耶穌基督」身上，而這新的權威已超乎所有的規範。相似的觀念亦可見於馬可福音一章1節，作者直把「耶穌基督」等同為「福音」。

林前7.10; 9.14; 11.23~26

習慣西方思想模式的我們，很難理解將「一個人」等同為「一些規範性準則」的意味，然而，這種「以人為規範」的觀念卻是新約教會的特徵，也反映教會對耶穌作為「上帝的化身」(稱為「道成為人」)的理解，即是説，耶穌既然是歷代猶太人所敬拜的上帝／耶和華，他的説話當然就是最終權威。不過，作為新約教會權柄的「新」依據，不單限於耶穌本人的教訓，那些「使徒」和稱為「親眼看見主耶穌的人」——意即親身經歷並跟隨主的人，都一同代表著這個規範，成為新的規範的傳承者。當早期教會因使徒猶大的去世而需要作補選時，候選人的基本資格就是必須認識耶穌基督和始終跟耶穌基督一起；同樣，路加在其福音書的開首也以這些人作為福音書素質的保證。由此可見，那些「親眼看見主耶穌的人」和十二使徒，均成為見證主的依據，且向來在教會中備受尊重，甚至往往成為信息的宣講者。

徒1.21~22

路1.1~2

然而，這些見證人所享有的殊榮與特權，卻並未賦予他們像主耶穌般的規範式權威，因為他們的重要性乃在於見證耶穌的言行。畢竟，見證者本身不能取代所見證者的權威。因此，出自他們的作品並不一定自動成為正典，而正典書卷亦不只限於這些人的手筆。當翻看新約正典的經卷，我們就知道其實只有小部分書卷，是出自那些在耶穌在世時已跟從主或見過主之人的手筆(例如馬太、約翰和彼得)。

這種「以人為規範」的準則所面對的最大問題是：人去世了，那怎麼辦呢？耶穌和那些見證人去世之後，規範豈不斷絕於世？那些與耶穌基督有關的記載，也就不再經目擊見證者的查核驗證了！在這情況之下，教會需要改變表述這種規範的方式，於是，就由「口述」轉為「筆錄」。文字記錄的確能作為見證主的長遠根據；與此同時，以文字記錄作為傳播信仰規範的主要工具亦日趨普遍。我們試看看這個轉變的過程。

我們先從福音書開始。既然新的約是以耶穌基督為核心，對於初期教會來說，耶穌在世的言行也當首先成為文字記錄的項目。雖然流傳至今有關耶穌言行的最早文獻還是4卷福音書，但毫無疑問，在福音書面世以先，已經有一些主題性的「單元選段」(pericope)被記錄下來，其中肯定涉及的主題，當然是有關耶穌受難和復活的經過。從4本福音書記載這兩件事所花的篇幅，就可以知道早期教會的信徒何等看重這些事蹟。此外，還應有不少有關神蹟和比喻等的主題性選段。

路加福音一章1至4節清楚提到：「……有好些人從事寫作，報導在我們當中所發生的事。」

起初(可能包括耶穌還在世的期間)，這些單元選段可能是以「口傳」為主，但為了能更準確地流傳，在耶穌離世後不久，甚至在耶穌還在世的日子，已有不少有關耶穌事蹟的口傳資料被記錄下來。這些選段可能只是零零碎碎的記載，亦有些是屬某類體裁的資料，如有關耶穌的言論或神蹟等的「小型福音書」。在早期教父的文獻裏，就經常提及一本以馬太為名、用亞蘭文寫成的福音書，內容以耶穌的語錄為主。這些筆錄資料明顯成為日後馬太、馬可、路加和約翰編寫福音書時的重要材料。我們理應相信，有些單元選段（或小型福音書）很可能是那些「親眼看見過主耶穌的人」編寫的，資料十分準確。儘管這些選段的內容不夠全面，而日後亦不為教會所用，但卻明顯幫助教會對「耶穌傳統」的重塑。及至4卷福音書面世，這些原始資料的作用就被這些福音書取代了，自此，福音書就被公認為最能代表這「耶穌傳統」的文字記錄。

福音書的面世是新約成典過程中最重要的階段。這標誌著早期教會已成功地把新約的規範（即「主耶穌基督」）的表述方式，從「口述」轉為「筆錄」。這種轉移亦反映在那些藉主耶穌的教導，來處理個別教會羣體需要的書信上，保羅書信就是典型的例子。保羅書信是新約書卷中最先寫成的書卷，後期的書卷甚至公開承認保羅書信的權威，最明顯的證據是彼得後書三章15至16節，作者把保羅的教導視為舊約的教訓一般：

> 「[15]……正如我們親愛的弟兄保羅用上帝所賜的智慧寫信勸勉你們一樣。[16]他在所有的書信裏都談到這事。他信中有些難懂的地方，被那些無知和反覆無常的人隨便曲解，正如他們曲解其他經文【註：指其他舊約聖經的經文】一樣，結果是自取滅亡。」

然而，一般學者均認為這只反映彼得後書作者的立場。整體而言，保羅書信被視為如舊約般的權威（即正典權威性）應該是較後期的事。原因很簡單：保羅的書信主要是以個別教會或人物作為寫作對象（雖然福音書也有其特定的對象，但其內容畢竟都較為一般性），內容也是就著個別羣體的特定需要而寫的，哪有人會想到要賦予哥林多前書或腓利門書永恆的價值呢？儘管有，可能也只是個別地區的認同而已。若要得到廣泛的認受，那必須要經歷一段頗長的時間方可成事。

無論如何，在新約聖經的27卷書中，不少正是在這個由「口述」轉為「筆錄」的期間寫成的；基本上，整個「筆錄」的過程在公元2世紀前期已完成。

結論

儘管作者接受聖靈的教導，他們仍然是使用自己熟悉的詞彙和寫作風格來表達聖靈的思想。因此，雖然聖經的信息是完完全全來自上帝，但聖經的寫成確實是上帝與人契合的成果。上帝並非叫人搬字過紙，機械化地轉載祂的說話，完全不需要動腦筋，而是要人透過生活、思想、感情等經歷領受上帝的啟示，並在漫長的歷史進程裏，形成代代相傳的規範性傳統，及後加以歸納、組織，然後用人所習用、理解的語言表達出來。聖經完全是上帝所默示的，也完全與人的活動運作不可分割。

如此，我們可以這樣總結：在實踐聖經的教導時，我們必須確認聖經神性的一面，但在理解的過程中，我們則需要強調聖經作者用「人」的文字來傳遞信息這機制。

還有相當重要的一點，就是聖經作者在撰寫其作品時，必然會使用不同的口述流傳或文獻資料，但當書卷成書後，其正典性是沒有追溯力的，它的權威只屬於這最能代表上帝啟示的正典文獻本身，而非它所引用的歷史資料——不然的話，聖經作者曾經接觸過的事物或參照過的文獻，都要成為「更原本」的聖經了！

上帝藉著聖經要……

聖經是上帝給人類最大的禮物，亦是上帝透過文字最完全的啟示；上帝藉著聖經帶給信徒的好處有：

1. 為耶穌作見證：「你們研究聖經，認為從裏面可以找到永恆的生命；其實聖經的話就是為我作見證的！」(約五39)

2. 使我們分別為聖：「求你藉著真理使他們把自己奉獻給你；你的話就是真理。」(約十七17)

3. 使我們得著屬靈的生命：「他按照自己的旨意，藉著真理的話創造了我們，使我們在他所造的萬物中居首位。」(雅一18)

4. 建立我們的信心：「可見信是從聽而來的，而聽是從基督的話語來的。」(羅十17)

5. 檢視我們的心思：「上帝的話活潑有效，比雙刃的劍還要鋒利，連靈和魂，關節和骨髓，都能刺透。它能判斷人心中的欲望和意念。」(來四12)

6. 使我們得智慧：「上主的法律完備，使人的生命更新；上主的命令可靠，使愚蠢人得智慧。」(詩十九7)

7. 使我們戰勝撒但：「[11]你們要穿戴上帝所賜的全副軍裝，好使你們能站穩，來抵禦魔鬼的詭計。……[17]你們要以救恩作頭盔，以上帝的話作聖靈所賜的寶劍。」(弗六11、17)

8. 作我們行事的鑒戒和提示：「他們所遭遇的這些事都成為別人的鑒戒，也都記載下來，作為我們的警戒，因為我們正是處在末世的時代。」(林前十11)

9. 使我們得到明白救恩的智慧：「你也記得你從小就明白聖經，就是能給你智慧、指引你藉著信基督耶穌而獲得拯救的那本書。」(提後三15)

a. 對於「聖經完全是上帝所默示的，也完全是由人所撰寫的」這話，你有何意見？你認為它有沒有矛盾的地方？

b.「在理解聖經的過程中，我們則需要強調聖經作者用『人』的文字來傳遞信息這機制。」在讀經之時，你如何實踐這句話？

c. 上帝藉著聖經帶給信徒許多的好處，為何我們卻難以從中得到好處？

d. 本節的最後部分指出，聖經書卷的正典性是沒有追溯力的，其權威只屬於最能代表上帝啟示的正典文獻本身，而非它所引用的歷史資料。為何這點如此重要呢？

第五章

聖經歷史簡述

- 舊約時期的歷史概述
- 兩約之間簡史
- 新約時期的猶太教
- 新約時期的歷史概述

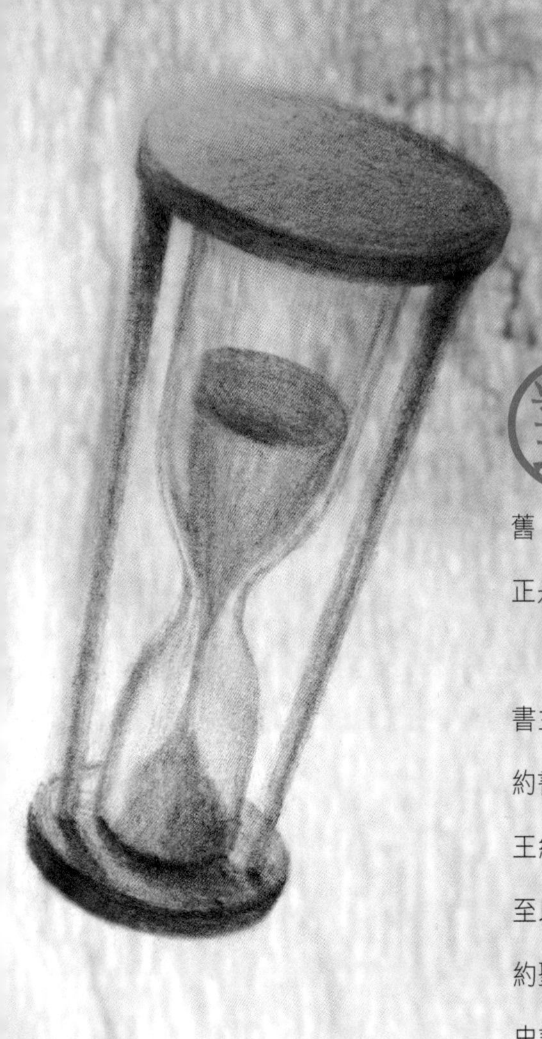

對現代人來説，歷史往往給人一種陳舊、過時，甚至不切實際的感覺；不過，聖經卻正是本那麼富有歷史元素的書。

在舊約聖經，從五經(除了申命記，因為這書主要複述前 3卷書的部分內容)開始往後看：約書亞記、士師記、路得記、撒母耳記上下、列王紀上下、以斯拉記和尼希米記(甚至可以延伸至以斯帖記)，是個連貫的歷史記載。同樣，新約聖經的福音書和使徒行傳又是另一個連貫的歷史記載。聖經的歷史元素，可能是令現代人讀不懂聖經的最大原因之一，但這元素卻是基督教信仰最寶貴的；我們的信仰是名副其實植根於人類的歷史中。

要理解這本富有歷史元素的聖經，我們必須先對其歷史、社會和文化背景有所認識。本章將簡單地介紹舊約和新約的歷史，以及有關的文化背景，以便讀者在開始閱讀聖經和研讀個別書卷前，對聖經背景有一概覽的認識。

舊約時期的歷史概述

舊約歷史前後橫跨接近2000年，在這段悠長的時間裏，以色列人遇上很多不同的民族和國邦，而這一切都是發生在古代近東(即現今的中東地區)這片廣闊土地中的一個小地區。這地區一般稱為「肥沃月彎」(Fertile Crescent)，因為其形狀似拱形，土地肥沃；其中包括3個區域，分別是**美索不達米亞**(Mesopotamia)、敍利亞—巴勒斯坦和埃及。在亞伯拉罕之前的時期，埃及是最文明發達的地方，其次是
創2.14 美索不達米亞(創世記稱之為「伯拉河」)，而舊約歷史所發生的地域敍利亞—巴勒斯坦，在古時社會則是發展得最緩慢的。

「美索不達米亞」這名字的意思是「兩河中間」，即幼發拉底河和底格里斯河之間的地域。

• 此圖顯示「肥沃月彎」地區所包含的3大區域

創世記一至十章記述了人類歷史的起源，其中提及的遠古時期事蹟，與亞當、夏娃、該隱、亞伯、挪亞一家人等有關。然而，這似乎並非創世記作者最關注的部分。舊約聖經中最重要的部分，就是以色列民族如何經歷上帝，而這些經歷是以歷史故事表述出來的：從一人一家一族(其中的人稱為希伯來人)，發展到一個國家(其中的人稱為以色列人)，然後分裂(北國以色列國／南國猶大國；其國民分別稱為以色列人和猶大人)，最後只剩下亡國的民族(其中的人稱為猶太人)。

從以色列人的角度來看，他們民族的歷史是從創世記十一章開始的，因為由這一章開始，以色列人列位先祖的歷史就展開了。亞伯拉罕、以撒、雅各和約瑟這幾位老祖宗都是創世記十一至五十章的核心人物(時為公元前2000～1550年)。藉著亞伯拉罕，上帝建立和選召了一個民族(即後來的以色列民族)，與自己建立特殊的關係，使其他民族能夠看見，凡信靠這位上帝的人能得享祂的庇佑。從基督信仰的角度來看，這見證了上帝對人類施行拯救過程的第一個階段。在實踐祂的拯救計劃時，祂採用了「盟約」的概念，並揀選以色列人的先祖亞伯拉罕作為代表。

族長時期

遠古時期，大有規模的國家不多，處處都是大大小小、以宗族為基本單位的城邦。為了生活和安全保障，社羣的遷徙是相當普遍的。聖經告訴我們，上帝挑選了以亞伯拉罕為首的家庭或社羣，作為祂計劃的開端。亞伯拉罕當時居住在吾珥城，這城坐落在美索不達米亞南部平原(即今天的伊拉克)的幼發拉底河流域；**上帝呼召亞伯拉罕離開故鄉，到北面一塊異邦的土地——迦南(應許之地)**。其實古時的人不時會因為政局不穩定、天災，或其他因素而遷徙；有些人認為，亞伯拉罕之所以離開吾珥城，是因為那地方的人都是多神主義的，但其實這並非很準確，因為古代社會的人都是多神主義的。大多數學者都認為，這個時候的亞伯拉罕還未有一個很清晰的「獨一神觀」，但從創世記作者的角度，亞伯拉罕之所以遷離吾珥城，就是因為要回應這「獨一神」的呼召。

上帝的啟示都是按步就班的，人往往要在經過後回頭看，才會清楚其中的意思。

亞伯拉罕的約

在上帝與亞伯拉罕所立的約中，上帝應許亞伯拉罕 3件事：

1. 上帝應許亞伯拉罕會年老得子，並他的後裔會成為大國；
2. 上帝要賜迦南地給他作為永遠的產業；
3. 上帝要使他的名為尊大，世人必因亞伯拉罕得福。

以色列的男性代表整個民族接受割禮，作這立約的記號，因此女性亦包括在這約內。

亞伯拉罕抵達迦南後，上帝借用當時城邦與城邦、人與人之間立約的方法，與亞伯拉罕立約。為記念這約，上帝又借用當時一些古老的民族(如埃及人)所實行的**割禮**，作為立約的記號。上帝要亞伯拉罕和他的子孫受割禮，又指示他要在所有男子出生後第八天為他們施行割禮。對一個尋求安身之所的新移民來說，這些應許特別合適。

嚴格來說，在這個時候，亞伯拉罕和他的家族成員都不是「以色列人」，而是「希伯來人」；對於這個名稱的來源，並沒有清楚的記錄，很可能是指那些從幼發拉底河（稱為「大河」）的一邊，遷到河另一邊的人。按聖經的資料，這名稱在以色列立國後已鮮為人用。 *創14.13* *書24.2~3*

還有一點：雅各是一個相當狡猾的人，他一生常常欺騙人，亦被人欺騙。這可證明，上帝的揀選並不依從人的文化和價值觀。

多年後，亞伯拉罕100歲時，他90歲的妻子撒拉神蹟地誕下以撒；以撒的妻子利百加生了孿生子以掃和雅各，但上帝卻揀選幼子**雅各**，成為實踐上帝祝福的渠道，更賜他一個新名「以色列」。雅各有12個兒子，他疼愛的兒子約瑟被兄長們出賣，被賣至埃及作奴隸。就如上帝揀選雅各而非以掃，上帝同樣亦揀選約瑟，而非他的兄長；雖然約瑟被賣至埃及，但上帝的揀選是不會落空的。約瑟在埃及蒙上帝賜福，當上高官，然後又遇上出賣自己的兄弟，結果大家冰釋前嫌，雅各和他所有的兒子因饑荒從迦南遷居埃及三角洲東北部的歌珊。

在這個時期，「以色列人」其實是指「雅各／以色列」的子孫（創四十七27）。

雅各，又稱為**以色列**，他的眾子在埃及居住了一段很長的日子，這是他們人數迅速增長的時期（公元前1700～1500年）。不久，新的王朝興起，而這位君王「對約瑟的事毫無所知」，亦不尊重以色列的人。其後數百年，以色列的人遭埃及人奴役，被迫替他們蓋建城市，推動經濟。忘記歷史的不單單是埃及人，就連以色列的人都因為在埃及生活了相當長的時間，以致忘記了上帝 *出1.8*

最初為他們安排的計劃，他們甚至可能忘記了上帝是誰，和上帝與他們列祖所立的約。

當以色列人在埃及飽受沉重的奴役之苦時，摩西便生於利未支派。摩西出生時，法老試圖殺害初生的以色列男嬰，以控制迅速增長的以色列人口。然而，摩西卻神蹟地為法老的女兒所救，並在埃及王宮受教養，在那
徒7.22 裏接受最優質的埃及教育。

摩西蒙上帝呼召，領導**以色列人脫離在埃及所受的奴役**(約於公元前1450年左右)。上帝所降的十災，證明只有祂，而非埃及人的天子法老，才是掌管宇宙秩序的主。這些災害顯示以色列上帝的超然與威嚴。結果，摩西引領近百萬以色列人浩浩蕩蕩地離開埃及，前往西奈半島，在那裏與上帝立約，領受律法，重新維持這盟約的關係，及使他們在所要承受的應許地上得著保護。

出埃及記詳細記載這段日子所發生的事情。

溫習及思考問題

a. 不同的人對亞伯拉罕因聽從上帝吩咐，而遷離吾珥或有不同的看法，你的看法又如何？

b. 上帝與亞伯拉罕立約之時，應許亞伯拉罕哪3件事？

c. 試從創世記裏選讀其中一位族長的生平，並作簡單評論。

d. 撒拉神蹟地生子，摩西神蹟地生在埃及……，五經的時代充滿著上帝的神蹟，你如何看這些神蹟？是否相信真有其事？

以色列立國

本來只需要花1年多的時間，以色列人就可到達應許之地，但因他們不信靠上帝，拒絕進入應許之地，上帝因而懲罰他們，要他們在曠野飄流40年(公元前1290～1250年)，直至那悖逆的一代都死去；結果，以色列人足足拖延了40年才得以進入迦南地，就連摩西也不能進入此地！摩西死後，約書亞成了以色列人的新領袖，實現上帝對以色列列祖的應許。

以色列人進入應許之地後，對迦南地的眾多原居民展開了長期的(最少有200年)征服行動。然而，有些民族始終未被完全滅絕，他們的異教習俗在以色列國的整個歷史之中，一直有著深遠的影響。舊約作者更將以色列國後來亡國被擄的最根本原因，歸咎於這些遺留下來的異教習俗。

士師年代表

士師時期所發生的事情，可以簡單歸納為「以色列人犯罪——上帝使他們受敵人壓迫——以色列人呼求、悔改歸向上帝——上帝差士師使他們得到解脫——以色列人享受一段太平時期」的循環形式。

士師名稱(支派)	管治年期	敵人	經文(士師記)
俄陀聶(猶大)	40	美索不達米亞人	3.5～11
以笏(便雅憫)	80	摩押人	3.12～30
珊迦(不詳)	不詳	非利士人	3.31
底波拉(以法蓮)	40	迦南人	4.1～5.31
基甸(瑪拿西)	40	米甸人	6.11～8.35
陀拉(以薩迦)	23	不詳	10.1～2
睚珥(基列)	22	不詳	10.3～5
耶弗他(基列)	6	亞捫人	10.6～12.7
以比讚(伯利恆)	7	不詳	12.8～10
以倫(西布倫)	10	不詳	12.11～12
押頓(以法蓮)	8	不詳	12.13～15
參孫(但)	20	非利士人	13.1～16.31

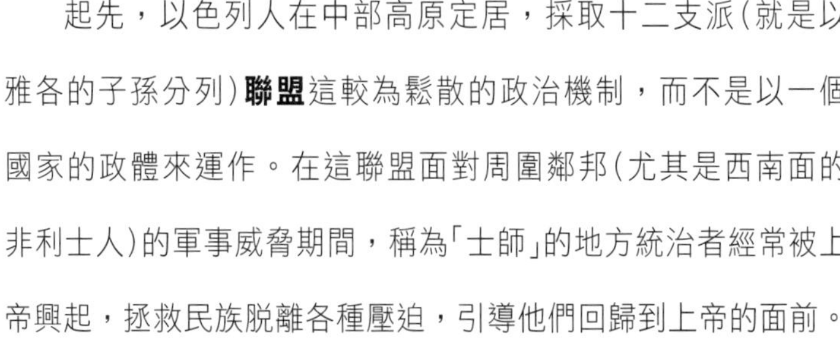

整本士師記記載了這聯盟時期中多位士師的事蹟。

起先，以色列人在中部高原定居，採取十二支派（就是以雅各的子孫分列）**聯盟**這較為鬆散的政治機制，而不是以一個國家的政體來運作。在這聯盟面對周圍鄰邦（尤其是西南面的非利士人）的軍事威脅期間，稱為「士師」的地方統治者經常被上帝興起，拯救民族脫離各種壓迫，引導他們回歸到上帝的面前。這些士師沒有固定的職位，都是臨時從百姓中挑選出來的，他們領受上帝的恩賜，在國家或地區性的衝突中，聯結部族的力量和資源，對抗外敵。士師時期可算是以色列史上的「黑暗時期」，因為當時的人民可謂過著一種無法無天的生活，正如士師記中多次出現的一句話：「當時以色列還沒有王，人人隨自己喜歡的去做。」 士17.6; 21.25

以色列人對周圍敵人經常性的軍事威脅愈來愈感到厭倦，亦感到不安全，所以儘管他們並不需要一個中央政府，他們也想效法其他國家，發展君主政制：「[19]……我們要王治理我們！[20]這樣，我們才會像別國的人民有自己的王治理我們，領我們上戰場打仗。」 撒上8.19~20 撒母耳可謂是以色列民族史中最偉大和最後的士師，他是帶領以色列從士師時期過渡至君王時期的屬靈領袖。

由撒母耳記上十五章至撒母耳記下全書，作者的焦點全放在大衛身上。

第一位以色列的君王是掃羅。掃羅未能與上帝保持密切的關係，結果上帝放棄他，揀選了大衛，而掃羅亦未能將王位傳予其子孫。主上帝與**大衛**立了約，應許他的後裔永遠承繼王的寶座；如此，上帝就在芸芸幾百萬以色列人當中揀選了大衛，透過他實踐上帝自己對亞伯拉罕、以撒、雅各（及至整個以色列民族）的應許。大衛是一個很成功的軍事策略家，他大規模地擴張了以色列的疆土。他也將首都遷移到耶路撒冷，把一直威脅以色列人的非利士人徹底擊敗，為敍利亞—巴勒斯坦帶來一定程度的和平與安穩。這時期可以稱得上是以色列國的黃金時代。

大衛統一各支派，容許經濟貿易與政治的自由。雖然在大衛任內以色列國仍有不少內戰，但他始終留下了一個統一的王國給兒子所羅門；這亦是古代以色列王位世襲的開始。大衛死後，所羅門接續作王，上帝賜給他令人難以置信的智慧、巨大的財富和對世界的影響力，這些都標誌著所羅門王朝的鼎盛。所羅門拓展以色列的疆界，北至幼發拉底河，南達埃及。他的統治時期，是以色列歷史上惟一可以被稱為「帝國」的時期。藉著國際貿易，所羅門令以色列非常富裕和繁榮。此外，所羅門王最大的功績，是為上帝建造了宏偉的聖殿。

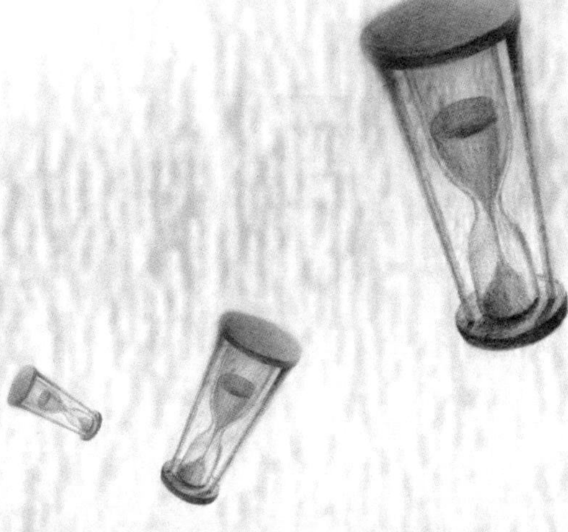

以色列王和先知對照表

有關列王時期帝王的年歷表，學者的意見不一。除了少許修訂之外，以下的表列主要依據*The Learning Bible* (New York: American Bible Society, 2000), p.911；另參*The HarperCollins Study Bible: a new annotated edition by the Society of Biblical Literature* (New York: HarperCollins, 1993), p.537。(以下所列之年份均為公元前的年份；另*表示朝代易轉)

以色列國君王 ◆ 年份 ◆ 先知		
掃羅 ◆ 1050～1010 ◆ 撒母耳 大衛 ◆ 1010～970 ◆ 撒母耳、拿單 所羅門 ◆ 970～931 ◆（不詳）		
猶大國君王 ◆ 年份	**猶大國先知 ◆ 以色列國先知**	**以色列國君王 ◆ 年份**
羅波安 ◆ 931～913	示馬雅 ◆ 亞希雅、易多	耶羅波安一世* ◆ 931～910
亞比雅 ◆ 913～911	示馬雅	
亞撒 ◆ 911～870	示馬雅、亞撒利雅、哈拿尼 ◆ 亞希雅、易多	拿答 ◆ 910～909
	易多	巴沙* ◆ 909～886
	（不詳）	以拉 ◆ 886～885
	耶戶	心利* ◆ 7日
	耶戶、以利亞	暗利* ◆ 885～874
約沙法 ◆ 870～848	哈拿尼、雅哈悉 ◆ 以利亞	亞哈 ◆ 874～853
	以利亞	亞哈謝 ◆ 853～852
約蘭 ◆ 848～841	雅哈悉 ◆ 以利沙	約何蘭 ◆ 852～841
亞哈謝 ◆ 841	雅哈悉	

亞她利雅王后 ◆ 841～835	俄巴底亞 ◆ 以利沙	耶戶* ◆ 841～814
約阿施 ◆ 835～796	俄巴底亞、約珥	
	以利沙	約哈斯 ◆ 814～798
亞瑪謝 ◆ 796～781	約珥 ◆ 以利沙	約華施 ◆ 798～783年
烏西雅／亞撒利雅 ◆ 781～740	約珥 ◆ 約拿、阿摩司	耶羅波安二世 ◆ 783～743
	約拿、阿摩司、何西阿	撒迦利雅 ◆ 6個月
	阿摩司、何西阿	沙龍* ◆ 1個月
約坦 ◆ 740～736	以賽亞 ◆ 何西阿	米拿現* ◆ 743～738
亞哈斯 ◆ 736～716	以賽亞、彌迦 ◆ 何西阿	比加轄 ◆ 738～737
	何西阿	比加* ◆ 737～732
	何西阿	何細亞* ◆ 732～723
希西家 ◆ 716～687	以賽亞、彌迦	以色列國亡 ◆ 722
瑪拿西 ◆ 687～642	以賽亞、那鴻	
亞們 ◆ 642～640	那鴻、西番雅	
約西亞 ◆ 640～609	那鴻、西番雅、哈巴谷、耶利米、戶勒大	
約哈斯 ◆ 3個月	哈巴谷、耶利米	
約雅敬 ◆ 609～598	哈巴谷、耶利米、但以理	
約雅斤 ◆ 3個月	耶利米、但以理、以西結	
西底家 ◆ 598～587	耶利米、但以理、以西結	
猶大國亡 ◆ 587/586	但以理	

回歸後猶太人領袖 ◆ 年份 ◆ 先知

所羅巴伯 ◆ 539～515 ◆ 哈該、撒迦利亞

以斯拉 ◆ 458～457 ◆ 哈該、撒迦利亞

尼希米 ◆ 445～430 ◆ 瑪拉基

a. 選讀其中一位士師的事蹟，找出這士師時代的循環形式。

b. 掃羅與大衛都行了上帝不喜悅的事，但上帝卻撇棄了掃羅。試評論掃羅的失敗與大衛的失敗有何不同。

c. 上帝如何懲罰大衛所犯的罪？

d. 所羅門作王之時，可算是國泰民安，可惜他晚年也行了上帝不喜悅之事，試簡述之。

國家的分裂和毀滅

列王紀上十二章至列王紀下全書記載了整個王國分裂時期的歷史。

聯合王國的成功只是曇花一現。所羅門好像之前的掃羅那樣，容讓自己的心離開上帝——「……他沒有像他父親大衛那樣一心忠於上主——他的上帝」。所羅門去世未幾，**王國就分裂**為兩個較小的國——北面的以色列（首都為撒馬利亞）和南面的猶大

王上11.4

● 在米吉多平原上的廢墟發掘到的「邱壇」

(首都為耶路撒冷)。這是所謂王國分裂的時期，約於公元前931至586年。

在宗教上，北國以色列迅速背道。第一位君王耶羅波安一世試圖利用宗教來達成政治目的，他為了避免自己的國民因經常到耶路撒冷聖殿朝拜，而影響了對國家的歸屬感，竟然在以色列國北面一個名叫但的城市，和南面最靠近猶大國邊境的城市伯特利，各安放一隻金牛犢，他更在多處建造祭壇(有時稱為邱壇)，將那不屬利未支派的以色列人立為祭司。這一切都證明他出賣了以色列人民的信仰。其後繼位的君王更變本加厲，例如亞哈為求取得更大的政治控制權，竟意圖把以色列人的信仰與迦南人的巴力信仰結合。這種信仰的結合在當時的社會是非常普遍的，但在耶和華眼中卻是可憎惡的事。

在**北國以色列超過200年的歷史裏**(公元前931～722年)，先後有19位君王，易轉了9個朝代(可參「以色列王和先知對照表」，頁88)。當時不同的派族或將領經常會奪權篡位，例如在拿答作王時，將領巴沙就把他殺了，篡位作王。此外，北國以色列亦不斷受到不穩定的政治局面所困擾。終於在公元前725年，一直接受以色列人進貢已久的新興霸主亞述國，成為上帝用來毀滅悖逆的北國的工具(其實在過去的一個世紀，亞述人對以色列已經虎視眈眈)。亞述

王上15.27~28

在這信仰敗落的漫長年日裏，上帝反而呼召約拿到外邦尼尼微城傳道，使外邦人悔改。

國決定要把這弱小的以色列國征服，於是派兵圍困以色列首都撒馬利亞。3年後（公元前722年），北國失陷，成為版圖廣闊的亞述帝國的一個省分。

相對之下，南國猶大則持續由同一個王室家族（大衛王朝）統治約達350年之久（公元前930～587年）。雖然猶大國的政治較為穩定，但亦同樣掉進宗教背道的景況中，只是猶大國不像北國以色列那樣快速背道遠離上帝；尤其在猶大國早期的歷史中，仍有不少對上帝忠心的君王。及至猶大國歷史的最後100年，行善與行惡的君王交替登基。於公元前7世紀末，亞述帝國受到當時巴比倫南部的迦勒底人威脅，這些迦勒底人愈來愈悖逆，難受控制，結果，**亞述國亦敵不過這新興勢力，旋即被巴比倫取代**。巴比倫就此成為第二個龐大的世界帝國。

拿鴻書宣告上帝審判亞述，消滅這國家的信息，藉此安慰猶大國；此外，又藉先知俄巴底亞安慰猶大，宣告上帝必會拯救他們脫離敵人的威脅。

在尼布甲尼撒43年的統治下（公元前605～562年），巴比倫的財富和政治勢力在「新巴比倫時期」裏達至顛峯。面對巴比倫擴張勢力的野心，猶大的回應游離於兩種對策之間：一是勉強信任實力薄弱的埃及（「一根破裂的蘆葦」）的支持，對抗巴比倫；一是如耶利米等人所主張的，歸降巴比倫，成為一個附庸國。公元前597年，尼布甲尼撒試圖徹底消除猶大背叛的可能性，特派兵佔領耶路撒冷，把猶大王約雅斤擄回巴比倫；先知以西結也在這被擄的耶路撒冷民眾行列當中。後來，猶大王西底家在公元前587/6年領導叛變，結果，促成了**耶路撒冷的破亡**。

賽36.6

哈巴谷先知早已預言猶大國將會被巴比倫所征服，但他亦預言巴比倫始終會受懲罰，而以色列人亦會回歸。

先知如約珥和耶利米已經警告猶大國的人民，說：上帝的審判即將臨到。

巴比倫人不單破壞耶路撒冷城，擄去其中大部分居民，更拆毀了聖殿，徹底結束了大衛的王朝。在被擄期間，大衛的家系藉約雅斤王僅僅得以保存。聖殿被毀及王權隕落是舊約歷史上最主要及影響最深遠的事件，這逼使以色列人重新思想他們以往的神學假設(恃著自己是上帝子民，必永蒙保守，不受侵滅，因而肆無忌憚)，重整他們早期的宗教信念，特別是上帝與他們所立之約的性質。

歷代志下的作者在書末有以下的一番話，可以總結以色列人在歷史中的起跌的屬靈意義：

> 15上主—他們祖先的上帝，不斷地派遣先知警告他的子民，因為
> 他仍珍惜他的子民和聖殿。16他們卻譏笑上帝的使者，不理上帝
> 的話，嘲笑他的先知。到最後，上主對他的子民大發烈怒，以致
> 他們無法逃脫。(代下三十六15～16)

除了在宗教生活上遠離上帝外，社會的不公義和道德敗落，亦在南北兩國中侵蝕了以色列人及猶大人的靈魂。雖然上帝興起過不少先知(如阿摩司、何西阿、以賽亞和彌迦)警告他們，讓他們知道毀滅已迫近眉睫，並呼籲他們悔改，但他們依然不予理會。

a. 北國以色列為何要在境內建邱壇？是因為宗教因素或是政治因素？

b. 為何北國會比南國較早破滅？

c. 南國被擄的原因何在？

d. 在列王的歷史中，許多君王都是晚節不保的，這令你有何反省？

被擄及回歸

按歷代志下三十六章21節，被擄的日子長達70年。

被擄的日子是以色列民族史上最為悲慘的日子；他們既深信自己是上帝的選民，但同時亦要接受自己的國家竟淪落到這麼悲慘的地步。

亞述和巴比倫帝國攻佔敵國後，往往實行大規模的遷徙政策，連社會上層人士亦無一倖免。他們又於境內強迫人民奉異教為國教，但以理書一至六章所記載的情境，就反映了當時巴比倫政府逼迫猶太人的宗教信仰的情況了。因此，在巴比倫的統治之下，猶太人的宗教生活幾乎是難以實踐的；那些每日在聖殿例行的獻祭儀式已完全無法進行，惟藉著緊守某些規條，如安息日、割禮等，他們才能維繫整個民族的合一和獨特性。

幸虧這段日子只持續了數十年。之後，古代世界最大的帝國之一——波斯帝國出現了，其版圖由愛琴海眾島嶼及尼羅河伸展，橫跨古代的近東一帶，直達印度河谷。波斯帝國主宰古代世界達兩個世紀，直至公元前330年，才被亞歷山大大帝征服。

波斯帝國的開國君王塞魯士所採用的政策，有異於亞述和巴比倫。波斯政府不但沒有實施大規模的遷徙行動，更沒有迫令人民奉行單一宗教。塞魯士又下旨，准許被擄至巴比倫的羣眾自由回歸故土，並允許他們擁有一定程度的自治。這樣，猶太人被擄

代下36.22~23; 拉1.1~4 的日子便可謂正式完結了。於是許多以色列人回到自己的家鄉，並在「猶大的耶路撒冷」重建聖殿，恢復敬拜生活；其餘的以色列人則繼續居住在巴比倫。約在這個時候，不少回歸的以色列人都住在猶大，而原來的以色列人和猶大人就自此被稱為**猶太人**了。

令人混淆的地方是，有些譯本如《和合本》依然用「猶大人」指被擄後的猶太人（參拉四12。《和合本》譯作「猶大人」，而《現修》則譯作「猶太人」。）

波斯政府又按不同地方的情況，容許當地人持守原有習俗，保留既有的日常生活方式，以期取得人民的歸服；如此，「一國多制」遠在波斯時代就已經實行了。此外，為促進帝國政府與不同民族的溝通，在一般的官方事務中，波斯政府更放棄使用波斯文，而採用當時流行於敍利亞和巴勒斯坦一帶的亞蘭文。

以斯拉記和尼希米記都記載了這段回歸時期的歷史。

按聖經所載，在接著的100年間，被擄的猶太人曾分3批**歸回耶路撒冷**，重建聖殿和城垣，並開展新生活：第一批由政

拉1~6章 治領袖所羅巴伯及大祭司耶書亞領導。回歸的民眾嘗試重建聖殿，但卻要面對反對勢力、別人的勸阻，以及克服資源缺乏的情況。藉著**哈該和撒迦利亞等先知**的服事，第二聖殿最終於公元前515年竣工。

哈該、撒迦利亞和瑪拉基等回歸時期的先知，均在其作品中譴責回歸的猶太人不關心重建聖殿的事、沒有真心敬拜上帝。

第二批被擄而回歸的猶太人（公元前457年）是由身兼祭司和

文士職分的以斯拉率領的；以斯拉的任務，並不是像第一批回歸者般要重建國家的建設，而是要關注百姓在社會中的生活及重整他們的靈命。 拉7~10章

第三批被擄而回歸的猶太人(公元前445年)是由尼希米領導的；尼希米是被擄的猶太人之一，在波斯宮廷位居要職。他明白自己的首要任務是重建耶路撒冷的城牆，為居民提供較好的防衛設施。當修築城垣的工程完成後，尼希米留在耶路撒冷，出任省長。 尼1~13章

舊約歷史結束於上帝的子民歸回故土，重建聖殿，以致可以恰當地敬拜上帝。然而，從基督教信仰來看，上帝與以色列人(藉著昔日的亞伯拉罕、以撒、雅各、摩西和大衛等人)所立的約並非只是以色列人受惠，更是拯救全人類；藉著以色列這個民族，上帝要親自來到世界，成就祂的拯救。

舊約年表

年份(公元前)	歷史事件	參考舊約經卷
2000前	創造、墮落、洪水、巴別	創一～十一章
2000～1700	以色列的祖先、族長	
	亞伯拉罕移居至迦南	
	以撒出生	
	亞伯拉罕獻以撒為祭	創十二～五十章
	雅各、以掃出生	
	雅各逃至哈蘭	
	雅各生十二支派祖先	

	約瑟被賣至埃及	
	約瑟離世	
1700～1250	**從埃及到曠野**	
	摩西出生	
	出埃及與過紅海	出埃及記、利未記、民數記、申命記
	在西奈山訂下律法：十誡	
	在曠野漂流40年	
	摩西離世	
1250～1050	**進入迦南地**	約書亞記
	士師時期【參專欄：士師年代表】	士師記、路得記
1105	撒母耳出生和早年事奉	撒上一～十章
1050～931	**以色列國的統一王朝**	撒上十章～王上十一章；代上十章～代下九章
1050～1010	掃羅為王	
1010～970	大衛為王	
970～930	所羅門為王	箴言、雅歌、傳道書
966～959	建聖殿	
931～722	**王國分裂**	王上十二章～王下十七章；代下十～三十五章
	【參專欄：以色列王和先知對照】	俄巴底亞書、約拿書、約珥書、阿摩司書、何西阿書、以賽亞書、彌迦書
722	北國以色列國被亞述所滅	以賽亞書
722～586	南國猶大國末期	那鴻書、西番雅書、哈巴谷書
587/6	猶大人被擄至巴比倫、聖城與聖殿被毀	耶利米書、以西結書
586～400	**被擄與歸回**	但以理書、哈該書

586	猶太人從耶路撒冷被擄至巴比倫	撒迦利亞書、以斯帖記
538	第一批猶太人在所羅巴伯領導下歸回耶路撒冷	
515	第二聖殿修葺完成	瑪拉基書、以斯拉記、尼希米記
457	第二批猶太人在以斯拉領導下歸回耶城	
445	第三批猶太人在尼希米領導下歸回，由尼希米作省長	
400～6	**兩約中間時期**	（聖經沒有記載這段時期的歷史）

以上的歷史，幾乎全部都是根據舊約聖經所提供的資料而重構的。歷史學家對這種種資料均有不同的評價，有興趣的讀者可參考《聖經鳥瞰——進深篇》第三章之「歷史問題」的討論。

a. 巴比倫以甚麼政策對待被擄的以色列人？

b. 在被擄期間，以色列人的社會及宗教生活是怎樣的？

c. 波斯帝國採取了甚麼政策，使當時代的猶太人歸順？

d. 以色列人的回歸共分成多少次？他們這幾次的回歸有何不同？

e. 試想像自己是歸回的以色列人，描述你回歸後的心情。

兩約之間簡史

舊約的歷史前後橫跨接近2000年，記載的主要是希伯來／以色列／猶太人這個民族所經歷的事情，而新約所記錄的歷史則只涵蓋約100年。雖然我們的聖經的新約部分是接著舊約的，但在歷史時期上，舊約最後記載的事蹟與耶穌的出生，其實相隔約200至400年時間。這段時間簡稱為「兩約之間」，是我們認識耶穌時代的歷史前必先要知道的。記載這時期的歷史資料主要是舊約次經中的《馬加比一書》和《馬加比二書》。

從波斯到馬其頓

以色列人在被擄70年後重返家園，依然是由波斯統治。

巴勒斯坦一帶在波斯統治下可說是四境平靖，直至希臘的馬其頓人來犯，局勢才再形緊張。一直以來，希臘根本不是一個國家，而是指愛琴海一帶、以希臘文為主要溝通語言的多個城邦，主要有斯巴達和雅典，之後又有後起之秀馬其頓。在公元前4世紀初，馬其頓已經蠢蠢欲動，企圖佔據其他細小的城邦。

當亞歷山大大帝(Alexander the Great)繼任為馬其頓王之後，他就統領其他主要的希臘城邦，展開大規模的遠征行動。在哀撒斯城(Issus)一役(公元前333年)，亞歷山大大帝擊敗當時的波斯王(大流士三世)，繼而一口氣吞併整個瑪代—波斯帝國，把版圖延伸至今天的阿富汗。基本上，亞歷山大大帝所征服的地方，差不多就是當時的人已知道的世界的絕大部分。

波斯王允許所統治的每塊疆土的人民，可以保持自己的語言和宗教，但亞歷山大的統治政策剛剛相反，他要鼓勵同化，即是以一種文化、一種語言來統治列國，也即所謂的「希臘化運動」(Hellenization)。值得留意的是：當時居住在巴勒斯坦地的猶太人，對於在地理上毗鄰的希臘人和他們的文化，不但沒有絲毫敵視的態度，還不自覺地受希臘文化所影響，對他們的文化成就深表欽羨。因此，猶太人起初對這種「希臘化運動」基本上並不抗拒，況且，亞歷山大已讓猶太人在宗教信仰上享有相當的自由。

這種和諧局面隨著亞歷山大的早逝(他只有33歲)而大大改變了。多位曾臣服於亞歷山大的軍事將領，紛紛起來相爭，最終導致帝國的分裂。在隨後15年間斷斷續續的爭戰中，原是效忠亞歷山大的將領，已各稱霸於一域。猶太人在沒有選擇的情況之下，只能歸順不同的君主，先是埃及，然後是西流古(Seleucus)。

a. 希臘人的政策與波斯的有何不同？

b. 為何猶太人起初對希臘文化不會有抗拒之心？

在埃及統治下的猶太人

埃及政府的統治手法，與波斯王和亞歷山大大帝的方法相似。埃及政府把猶太地一帶（以耶路撒冷為中心，方圓約10公里的範圍）組織成一個以宗教領袖（即聖殿的大祭司）為首的「聖殿省郡」（Temple State），如此，作為宗教領袖的大祭司所承擔的責任，就不單只在宗教事務上，而是包括統領猶太人的政治事務，亦即是作了猶太人的首長。住在猶太地以外的猶太人，為保持與這主流猶太教基地的關係（無論在民族或宗教上），每年均在經濟上支持耶路撒冷的需要，這包括聖殿的維修以及聖職人員（如祭司等人）的開支。一般學者相信，由70位猶太人領袖（其中成員包括大祭司、一班祭司長、文士、法利賽人、撒都該人和一羣貴族）所組成的「猶太人議會」（Sanhedrin，即新約聖經所稱的「公會」），亦在這段時間漸漸形成。

a. 埃及人統治猶太人的方法，是以宗教領袖兼任政治首長，你認為這統管形式對猶太人有甚麼禍害？

b. 你對「猶太人議會」的認識有多少？可以簡略地介紹它嗎？

西流古與馬加比革命

西流古開始統治猶太人時，實行「強迫性」的希臘化運動。其中最殘暴的，算是安提阿古四世・伊皮法紐（Antiochus IV Epiphanes；統治期是公元前175～164/3年）。首先，他將理想中希臘化運動的標準強加在猶太人身上，然後又將尋找到的猶太經卷盡行銷毀，不允許猶太人守安息日或給子孫行割禮。他甚至在聖殿裏放置一個希臘神祗宙斯（Zeus）的像，並在聖壇給宙斯獻上一頭「豬」為祭物……，藉此種種舉措來肆意侮辱猶太人。或許這就是但以理在異象中所看到的景象，即那稱為「毀滅性的可憎之物」（但八13，十二11）。

這些極之橫蠻無理的行徑促使猶太人反抗。領導這些反抗行動的，是哈斯摩尼阿家（Hasmoneans）的族長兼老祭司馬他提亞（Mattathias）和他的5個兒子。起初的反抗只是小規模的攻掠行動，但卻逐漸擴大、激烈，他們破壞在鄉間的外邦神廟，又嚴厲處分曾經背叛的猶太人。這個後人命名為「馬加比革命」的行動，在某種程度上恢復了猶太人日常生活的秩序。**聖殿經過潔淨**(公元前164年基斯流月25日)，猶大地這「聖殿省郡」更完全獨立(公元前143/2年)，版圖不斷擴張。

直至今天，猶太教每年均以這日(即公曆12月25日)為「獻殿節」(希伯來文為Hanukkah)，以紀念這次收復事件。在獻殿節期間，人們會燃起燈光，象徵當光亮來到以後，陰暗與黑夜都要成為過去。

「權力令人腐敗」！馬他提亞的兒子們不甘於只擁有政治上的軍事權柄，更要奪取宗教上的屬靈權柄。公元前152年，馬他提亞的兒子約拿單拉攏敵人，在西流古政府的支持和同意之下，成為首位非祭司世系的大祭司。由這個時期開始，一些嚴守猶太律法的人不滿馬加比家族的統治，更認為整個猶太教已經變質，因而陸續退到曠野生活；這羣人一般聚居於死海沿岸地區，如昆蘭曠野(Qumran)，過著嚴守律法的生活。這羣以色列人可能就成了日後的「愛色尼人」(Essenes)。至於那些沒有離開耶路撒冷的猶太人，他們除參加聖殿的活動外，還在一些敬虔信徒(即「法利賽人」，參頁107)的家裏組織研習班，學習聖經的教訓；這些研習班就演變成日後在「會堂」裏

• 圖為死海附近之昆蘭曠野

的聚集(參頁109)。

馬他提亞的兒子約拿單和他的弟弟們所羨慕的，並非真正建立在真理上的屬靈權柄，而是領導屬靈羣體所帶來的利益和君尊式的統治。他們自高自大，且不懂得與鄰國相處；結果，他們的命運就是被大國所吞滅。

a. 西流古的政策引起了「馬加比革命」，這革命為何會成功呢？

b. 「馬加比革命」帶來哪些正面的影響？

c. 「馬加比革命」引發了許多不同的猶太宗教羣體出現，試描述之。

羅馬的統治與希律

於公元前63年，羅馬大將軍龐培率領羅馬軍進攻耶路撒冷，經過3個月的圍攻，成功推翻當時的猶太人政府；羅馬士兵屠殺祭司，又私自進入至聖所，玷污聖殿。猶太人被馬加比家族領導的時期正式結束，為期只有80年(公元前143/2～63年)。羅馬人雖然把地方的統治權下放給希律大帝(稱為「猶太人的王」)，但仍給予他們一定程度的自由。

猶太人並不喜歡這位「猶太人的王」，因為他們知道**希律**只是利用猶太人與羅馬政府建立政治關係，並非真的愛護人民，更談不上對上帝有敬畏的心。希律性情殘暴，曾處死自己兩個妻子、3個兒子。他的私生活也是一團糟的，他曾結婚10次，家庭中數之不盡的問題，都是因為他的妻子企圖為她們的母親和子女爭取利益與特權而產生的。歷史上對希律的為人作了最貼切的形容的，要算是當時的羅馬王帝奧古斯都。當他聽見希律殺了自己的骨肉，就幽默地說：「作希律的豬，比作他的兒子還好」，其中「豬」和「兒子」兩個希臘文(*hus*和*huios*)的發音是非常相近的。這話的意思是，身為「半個」猶太人的希律當然視豬隻為不潔，故不會親手殺豬而弄髒自己的雙手，但他卻一而再殺害自己的親人，可見作他的豬遠比作他的親人安全。

希律其實並非一名純正的猶太人，這一點令猶太人更藐視他。

在希律的統治下，我們的主耶穌出生，他亦差點兒被希律害死。因為當希律知道有一君王已經出生時，他又即動殺機；既查不出主耶穌的下落，竟下令屠殺所有兩歲以下的嬰孩。

太2.16~18

a. 羅馬人用甚麼政策對待猶太人？

b. 為何猶太人不喜歡被希律王管治？

c. 歷史記載中對希律王有怎樣的描述？

新約時期的猶太教

以上對兩約之間歷史的簡述，除了讓我們了解新約與舊約之間的歷史發展外，更令我們多點理解新約時期的猶太教。大部分在公元1世紀盛行於巴勒斯坦地區的主要政治宗教團體，均起源於公元前3/2世紀。

不同團體

在猶太宗教團體中，撒都該派可能是最有政治實權的一羣。「撒都該」，意即「義者」，可能是他們的自稱。主要是由祭司階層人士所組成，而且是世襲的。他們的排他性非常強，生活富足並貴族化。在信仰上，他們極之保守，只接受希伯來聖經前5卷書的權威性；他們不相信天使、魔鬼及復活之事，也不認同法利賽人(見下文)所遵守的口傳律法。他們原與法利賽人不和，但後來卻聯手對付耶穌。

另一個是稱為法利賽的宗派，這宗派可能起源於馬加比前期一個稱為哈西典(Hasidim)的宗教團體，該宗教團體後來參與推翻西流古王朝。「法利賽」，意即「分別者」，即與眾人或不潔分別開來。法利賽派起初主要是一個政治團體，但到了公元1世紀，他們似乎只關注宗教事務，甚至有傾向要遠離政治等世俗的事情。他們特別注重五經的律例，為了確保這些律法得到實踐，他們在這些律例之外，增加很多具體的指引和誡命；久而久之，這些指引和誡命便成了傳統習慣，凡加入這宗派的人必須下定決心遵守這一切誡命，包括寫在五經上的和從五經引申出來的規條。在新約時期，加入這宗派的人數約有5000。

死海古卷(Dead Sea Scrolls)的發現增加了我們對「愛色尼派」(Essenes)的認識。愛色尼派可能也是源於哈西典這宗教團體，他們特別關注宗教儀

• 死海古卷中的《哈巴谷書註釋》

式的純正和聖潔生活。他們不跟從社會的主流，例如他們寧願選擇居住在自己教派的社羣裏，而不願受他人的影響。他們聚居在死海附近的昆蘭，自視為真正的猶太人社羣，他們預備自己，等候上帝親自降臨，復興以色列國。

除了以上的團體外，還有其他較小型的、在政治上較急進的團體，如奮鋭黨和刺客黨。這兩個團體的宗旨都是推翻羅馬政府在巴勒斯坦地區的統治。在耶穌基督的時代，我們雖仍未能清楚界定奮鋭黨是一個有組織的團體，還是只是一羣烏合之眾，但很清楚的一點是，奮鋭黨和刺客黨都間接地觸發起公元66至73年的猶太人叛亂。

在新約聖經所提及的眾多羣體中，撒馬利亞人可算是相當特別的一羣。他們雖有猶太人的血統，但卻與一般猶太人格格不入，因為在歷史上，他們的祖宗可能曾與外族通婚，所以他們被一些保守的猶太人視為「雜種」。猶太人和撒馬利亞人有很深的仇恨，約翰福音也清楚指出猶太人不會與撒馬利亞人交往。 約4.9

a. 因歷史的因素，猶太教內產生了許多不同的宗派，你能否列出幾個主要宗派的特點？

b. 在你的教會中，弟兄姊妹中間有這些教派的影子嗎？

c. 法利賽派與撒都該派之間有何相異之處？

d. 在信仰上與其他教派相比，愛色尼派有何特別不同之處？

會堂

由於聖殿被毀(公元前587/6年)，猶太人再沒有集體敬拜上帝和聚集的地方；當時的情況就好像初代教會時期一樣。起初他們可能只是聚集在某位利未人或法利賽人的家裏，後來，若情況許可，便興建獨立的建築物，盼望藉此可以維持他們敬拜上帝和學習猶太人律例的生活。當時很多會堂都是根據耶路撒冷聖殿的模式而建造的。不過，在新約時代，許多猶太人已習慣在家裏聚集，形成了家庭式的會堂。一般只需有10個猶太裔成年男人聚集，便可形成一間會堂，如果人數不足或根本沒有適合興建會堂的地方，他們可先組成「禱告的地方」。這地方通常是在河邊，以便施行潔淨的洗禮。

會堂是猶太人生活的重心，也是他們寄居在外邦人中間時，為要建立和維持自己民族和宗教意識的一個重要標記。因為在會堂裏不能執行獻祭的儀式，所以會堂裏一般會舉行敬拜聚會，以祈禱和宣讀聖經為主。每逢安息日及特別的節期，猶太人都會在會堂裏舉行公開的崇拜聚會；在聚會中，他們誦讀經書、祈禱、宣講信息，在結束聚會前會有一個最後的祝福。當耶穌和保羅傳道之時，就曾經在這些會堂公開宣講律法及傳上帝的道。每間會堂裏都設有一個可以搬運的箱子，用來放置律法書及先知的經卷，可見會堂不但供人們聚集敬拜，同時也是學習律法的地方。此外，會堂更可成為人民的公會和幫助貧窮人的福利中心。若有猶太人犯了嚴重的錯誤，他就會被趕出會堂，這於當時是一個相當嚴厲的刑罰。今天世界各地都有大大小小的猶太人會堂，這些會堂除舉辦很多宗教活動外，還發揮了有如「猶太人公會」或「猶太大會堂」的功能。

路4.15~30; 徒13.13~43

約9.22;12.42

溫習及思考問題

a. 猶太人的會堂是怎樣形成的？

b. 猶太人的會堂有甚麼功能？

c. 你對今天的猶太會堂有多少認識？你曾否參與會堂的活動？

天啟思潮

公元1世紀，在巴勒斯坦猶太人和基督徒中盛行的世界觀是天啟思潮(apocalypticism)。這種世界觀可能始於公元前3世紀時的西流古王朝，當時猶太人正為其自以為公義的行動遭受逼迫。天啟思潮認為，世界正被惡者所控制，世界復興的惟一途徑是上帝親自顯神蹟加以干預。上帝在世上顯出其大能時，忠心的義人要得賞賜，邪惡的壓迫者要受審判。這種氣氛孕育了猶太人對「**彌賽亞**」的期望。在一般猶太人的心目中，這位彌賽亞可能只是一位君王或祭司，他會代表上帝親自來到人類的世界中拯救以色列人。不過，在某些舊約次經文獻中，這彌賽亞就曾被形容為「上帝的兒子」；有學者認為，新約那種「普世性」的彌賽亞觀念可能是源於此。

「彌賽亞」是希伯來文，意即「受膏者」；希臘文則稱為「基督」。

《以諾一書》105.2;《以斯帖三書》7.28~29

在新約時期，反映天啟思潮的各種文學作品紛紛湧現，大部分作品都有相似的特點：如異象、神祕事物、超自然遭遇，以及關於世界末日和彌賽亞降臨的各種言論。當時遭受磨難的猶太人和基督徒，試圖用這種世界觀來說明遭受壓迫的神學意義。在公元1世紀，多數反羅馬統治的革命都是因天啟思想的影響而產生的。新約聖經作者更深受這種思潮所影響，往往借用這種源於猶太人的彌賽亞觀念，來說明主耶穌的身分和使命：他就是上帝所差派，臨到世上拯救所有人的那位彌賽亞。

溫習及思考問題

a. 猶太人的天啟思潮是在怎樣的政治環境下產生的？

b. 反映天啟思潮的文學作品有何特色？

新約時期的歷史概述

本節所簡述的新約時期歷史有兩個焦點：主耶穌基督的生平和傳道事蹟，以及基督教會的誕生和擴展；這兩個焦點剛好是順序的，也是一個緊接另一個的。

新約聖經的4卷福音書都是記述耶穌基督的生平和傳道事蹟的；本節先會精簡地概述耶穌生平的輪廓，而本系列的《耶穌生平與福音書要領》則會以耶穌生平為骨幹，詳細探討4卷福音書的信息。至於早期教會的發展史，我們會集中在基督教會的雛形階段，主要是耶穌的使徒(包括保羅)作領袖的一段時期，當時的教會稱為「使徒教會」，有時亦稱為「初代教會」。我們的資料主要取材於使徒行傳。

耶穌基督傳道前的日子

既有神性的身分，耶穌當然是自「太初」就存在了。使徒約翰
約1.1 將耶穌描述成創世之前即存在的「道」，為要表明耶穌的神性身
分，約翰還補充説明耶穌是與猶太人所熟悉的上帝（或耶和華）同
在，兩者的關係密切；耶穌不單單有其「神性」（如天使一般），更
帶有那獨一之上帝的屬性。約翰和其他新約作者一樣，將耶穌描
約1.14 述成「**上帝的兒子**」。

> *「……兒子」是猶太人的特別用語，並非指血緣上的關係。就如「光明之子」是指一個有光明特性的人，同樣，「上帝的兒子」是指一個帶有「上帝般」特性的人。因此，在某程度上，基督徒也可算是「上帝的兒女」（複數）。*

既為人，耶穌當然有他的出生和地上的父母（約瑟和馬利亞），而馬太福音和路加福音就把這開首追溯到上帝「借用」馬利亞之身軀誕下耶穌。我們稱之為「借用」，是因為馬利亞並非在一般的情況之下懷孕，而是「受聖靈感孕」的。至於木匠約瑟，他也只是耶穌在世上的養父而已（某程度上，以約瑟為耶穌的父親是為了要表明耶穌是大衛王的後裔）。**對於馬太和路加來説，耶穌「由童貞女馬利亞所生」這點就已證明耶穌的神性了**。耶穌降生在伯利恒，並在巴勒斯坦北部，加利利海邊一個名叫拿撒勒的小城長大。

> *比較羅馬書一章4節，保羅卻以「從死裏復活」這點來證明耶穌的神性。*

在4本福音書中，只有路加福音提及耶穌的童年生活，但也
路2.41~51 只是相當簡短的，除了記載耶穌在12歲時就曉得許多屬靈知識外，就只有
路2.52 「耶穌的身體和智慧一齊增長，深得上帝和人的喜愛」這節經文罷了。至於
有關耶穌降生的年份，前文已經提及，耶穌是降生在大希律執政的末期，
按路加和其他福音書所提供的證據，再加上傳統對考古資料的解釋，耶穌
約於公元前5年降生，而不是公元1年。

曆法計算

「B.C.」(即「主前」)傳統上是Before Christ的縮寫，而相對的「A.D.」(即「主後」)則是拉丁短語*anno domini*的縮寫，意為「主的年代」(即主降生後的年代)。按路加福音第二章所記載的資料，主耶穌降生的日期至少在現時既定的公元 1年(我們要緊記是沒有公元 1年的)之前4年。

事實上，這種以主的降生年份作為紀元前後分界的做法，是於公元526年才由一位名叫丟尼修．埃塞古厄斯(Dionysius Exiguus)的修士引入。當時他的工作是為教會節期編制年曆，他將耶穌降生的日期定在羅馬統治第753年(相等於公元前1年)，並以翌年(相等於公元1年)為基督教開元的第一年。今天，我們知道他顯然算錯了希律執政的年期，偏差了大約 5年；至於「1月1日」這公元前、後的分隔日，則要到 1000年後羅馬教皇貴格利十三世時，才被普遍使用。嚴格來說，以Before Christ和 *anno domini*來作為紀元的座標這表達方法，可能要到 17世紀才開始被普遍使用起來。

今日若仍以主耶穌為公元 1年降生，顯然與事實不符。為免這錯誤的觀念延續下去，一般學者和非教會人士都採用另一套縮寫法，即以B.C.E(Before Common Era；公元前／西元前)和C.E.(Common Era；公元／西元)取代傳統的B.C.和A.D.。

a. 四福音書如何表達耶穌那神子和人子的身分？

b. 耶穌出生的實際年份是怎樣計算出來的？

耶穌基督的傳道生活

路3.23 耶穌30歲正式開始傳道，4本福音書都是以耶穌接受其表兄施洗約翰的施洗這事件，作為耶穌傳道工作開始的標記。當時的施洗約翰已經建立了遍佈各地的傳道體系。耶穌傳道的早期，所傳講的信息內容基本上與施洗約翰所傳的相同，都是強調上帝的國臨近，人應當悔改，脱離
可1.1~5 罪惡，信從福音。我們必須留意，每卷福音書都很清楚地表明耶穌與施洗約翰在傳道上的密切關係；事實上，從早期教會的文獻可見，最能代表耶穌來臨的，並非耶穌的出生，而是「施洗約翰的出現」和「耶穌受洗」這兩件事情。

論及耶穌的傳道生涯時，我們首先要停下來問：「耶穌傳道的日子有多
約2.23;5.1;6.4;12.1 久呢？」關於這段傳道的日子，約翰福音提到4個年度的節期，我們因而推算耶穌傳道的日子大概是3年半。然而，要清楚列明耶穌傳道時期的年曆表，

大概是因為符類福音只提及1個逾越節，所以有些早期教會的基督徒就認為耶穌傳道的日子只是1年。

卻不是那麼簡單，因為**其他福音書**並沒有提及4個年度的節期，**只記載了其中一個節期（即逾越節）**，而約翰福音的記載也不見得是順時序的。不過，要留意的是，我們未能將耶穌的年曆表一清二楚地鋪排出來，只是資料的鋪排未能達到我們現代人的期望而已，並不表示我們沒有足夠的資料去認識耶穌。

在這段一般被認為持續了3年半的傳道生涯中，只有約翰福音清楚記載了耶穌傳道初年（即自接受水禮之後）的某些事蹟：呼召4名門徒（彼得、安得烈、腓利和拿但業），在迦拿婚宴中把水變為酒，與猶太拉比尼哥德慕談論「重生」等等。 **約1~3章**

在早期，耶穌大部分的傳道工作都是在巴勒斯坦以北，加利利湖附近的地區進行的；這一帶地區的文化較為多元，人民思想亦較為開放。按符類福音的記載，耶穌的事蹟（包括他的講論）大部分都在加利利省發生（據約翰福音記載，耶穌在這段期間曾數次進入耶路撒冷），總計約有70多件事蹟。要把這些事蹟按時間順序排列是不大可能的，這大概也不是福音書作者的原意，亦不是早期基督徒的期望；明顯地，大家所關注的是事件發生的地點，而不是事件發生的時段。

當耶穌在家鄉拿撒勒講道時，曾引用舊約以賽亞書的經文，以顯明自己的使命：「[18]主的靈臨到我，因為他揀選了我，要我向貧窮人傳佳音。他差遣我宣告：被擄的，得釋放；瞎眼的，得光明；受欺壓的，得自由；[19]並宣告主拯救他子民的恩年。」經文清楚表明耶穌是上帝的「受膏者」（希臘文：*christos*「基督」），也就是說，耶穌是舊約作者所論及、且期待已久的彌賽亞。然而，耶穌並不為人所接納，甚至被人排斥，而這一切排斥 **賽61.1~2** **路4.18~19**

和衝突都是由最認識耶穌的鄉里開始的；事實上，我們的確可以用「衝突和排斥」來形容耶穌的一生，尤其愈接近耶穌被釘十字架，他所面對的衝突和排斥就愈激烈。

在傳道旅程之初，耶穌醫治病人、趕逐鬼魔，他也開始教訓人關於上帝和上帝國度的事情。他的教訓多以比喻的方式和簡短的故事表達，且往往與日常生活有關，含有極深的寓意。運用比喻可謂是耶穌傳道的主要特點。但耶穌的教訓卻又常常令他與法利賽人和其他猶太領袖發生**衝突**，例如耶穌就常常捲入了守安息日的爭論中。這些爭論通常都因耶穌在安息日醫病而起，因為宗教領袖往往視遵守安息日的條文比切實關心人的需要重要得多，所以耶穌經常有意地在安息日醫治病人，將這些宗教領袖的迂腐暴露出來；又因為耶穌宣稱這是上帝的作為，所以就令許許多多的宗教領袖更不滿和惱恨了。但無論如何，耶穌對人心靈的關切，與當時普遍人只注重克守禮儀的心態，形成了極為鮮明的對比。

約翰把「潔淨聖殿」一事放在耶穌傳道的開首（二13～22），正是要突顯這種衝突。

神蹟本來可以證明一個人的神能，但在耶穌身上，這反而令他被人排斥。有一次，耶穌治好了一個被鬼附、又瞎又啞的人，但法利賽人卻控告耶穌靠鬼王別西卜趕鬼，於是耶穌立即申明他是靠聖靈的能力行事，並明
太13.22~29 確指出詆毀此能力，就等同是褻瀆上帝。

耶穌還與那些被社會視為「下流」的人交往，他經常出席有稅吏和娼妓在場的晚宴，又親手觸摸痲瘋病人，且與那些被社會棄絕的人為伍，因而惹來了許多宗教領袖的冷眼和敵視。但耶穌就是要透過這些行動，強調上帝關愛那些被社會所遺棄的人。

在佈道旅程的途中，耶穌從眾多跟隨者中挑選了一羣核心分子，先是4位，後來增至12位之多，與以色列的12個支派相應。福音書稱他們為「使徒」，意即「大使」，是奉差遣為主人辦事的人。這些使徒成為耶穌特別培訓的追隨者，他們與耶穌一同生活，四處為家，聆聽他的教訓，見證他所行的神蹟奇事。最終，他們要成為建立基督教會的工人。

a. 耶穌的傳道工作與施洗約翰有何密切的關係？

b. 耶穌所關注的事，與當時宗教領袖所關注的有何不同？

c. 耶穌為何與當時的宗教領袖常常產生衝突？

d. 耶穌選召了12位使徒，「12」這個數目有何特別的意思？

e. 耶穌多以比喻講道，試從四福音中選讀一個比喻，並找出耶穌要表達的中心信息。

f. 耶穌如何對待被遺棄的人？你的教會中有沒有被遺棄的人？你又如何對待他們？

耶穌基督的受難

經過 3年的傳道旅程，耶穌到了他的最後一站，就是耶路撒冷。在傳道
的過程中，耶穌早已告訴他的門徒，他最終要受苦，且死在耶路撒冷的仇敵
手中。最後事情確實如此發生了！逾越節前的那個星期天，耶穌榮耀地進入
耶路撒冷，所有民眾都在他面前下拜並歡呼道：「頌讚上帝！願上帝賜福給那
可11.9 位奉主名而來的！」然而，幾天之後，耶穌被聖殿的守衛捉住，如罪犯般在羅
馬總督龐修．彼拉多手下受審和被判死刑。所發生的這一切事，都應驗了舊約
賽53.1~12 聖經關於彌賽亞的預言。

不過，故事並沒有在此完結。耶穌在死後的第三天，就從死裏復活了。他先向一些曾跟從他的婦女們顯現，後來又向眾門徒顯現。耶穌復活後，在世上逗留了40日之久，向門徒證明他實實在在地復活了，並進一步教導他們關於天國的事情。及後，耶穌升上高天，坐在父上帝的右邊，將來還要再來，審判世界。

名字

不同民族的人的名字組合都不盡相同。古代希伯來人(和猶太人)的名字只有單字，沒有代表宗族的姓氏。如此，很多人的名字就會相同，所以，往往會加上「……的兒子」或「來自……城／地的……」來作介紹，例如新約聖經對耶穌的介紹，就有「約瑟的兒子耶穌」(約六42)、「拿撒勒的耶穌」(太二十六71)了。

今天一般西方人的名字組合，即名字－中名－姓氏，是源自羅馬人的傳統，例如一般人所熟悉的凱撒，其全名是：Gaius Julius Caesar(中譯為「該猶．猶流．凱撒」)；有些人的中名甚至多於一個字，亦有些人沒有中名，只有名字和姓氏，例如龐修．彼拉多(英：Pontius Pilate)。可能是受羅馬人名的影響，有些猶太人亦有多個名字，例如十二使徒之首的西門，「西門」應該是他原來的名字，而他的希臘文名字「彼得」，以及他的亞蘭文別號「磯法」同樣是「磐石」的意思，大概都是後來加上的；新約常稱他為「西門．彼得」(太十六16)。

至於古代的中國人，除了有姓和名外，成年後更會取「字」，以便人稱呼，例如孔子(「子」指夫子)，姓「孔」名「丘」，字「仲尼」；不過卻不要誤會孔明姓「孔」名「明」，因為孔明複姓「諸葛」，名「亮」，「孔明」只是他的字。古人多尊稱其字，不呼其名(在古代的社交生活會裏，直呼其名是相當無禮的)，難怪今日我們會有此誤會。有些文人雅士更會在「名」、「字」以外再取「號」，例如北宋文豪蘇軾，姓「蘇」名「軾」，字「子瞻」，自號「東坡居士」，後人常稱他為「蘇東坡」，幾乎忘記了他本身的名字了。現代人的名字組合大概是簡化自這古代系統，一般人都沒有字和號，而直呼其名亦是非常普遍。

a. 試從四福音中選讀一段關於耶穌受苦和復活的經文，然後默想他受苦和復活的情形。

b. 若你是耶穌的一位使徒，當你親眼看見自己所敬愛的老師被釘在十字架上，你的感受如何？

c. 耶穌復活這事實對你的信仰有何意義？

教會的誕生

耶穌升天後不久，門徒就聚集起來，商討要補選一位「使徒」，代替出賣耶穌後自殺的加略人猶大，以免這個完整的隊伍出現破口。路加清楚指出，當時已有一個信仰羣體，只有120個信徒。這就是最初期的新約「教會」嗎？某程度上，是的。然而按路加在**使徒行傳**的用詞，「教會」一詞只用來指五旬節後的信仰羣體，因

徒1.14~15

使徒行傳是了解早期基督教會成立和擴展的最重要的資料來源。

此，我們也以這用法作為基礎。

耶穌升天後約10天，正值是猶太人的五旬節(在逾越節後50天舉行)，眾使徒都聚集在耶路撒冷的一個房間裏。突然，房間內的每個人都被聖靈充滿，開始說起別國的話來。那時正是大節日，各地的猶太人都聚集在耶路撒冷。作為使徒之首的彼得隨即站起來，開始傳講耶穌被釘十架和復活的信息，並宣布耶穌就是彌賽亞。數以千計的人回應彼得的信息，認罪悔改。

這個歷史性的聚會，一方面標誌著聖靈降臨於信徒中間(傳統教會稱這天為「聖靈降臨節」)，另一方面亦令這本來只集合了百多名成員的信仰羣體，一躍而成一所「超級教會」(mega-church)。基督徒奉耶穌的名施洗，終日聚集祈禱，聽使徒的教訓，守主的聖餐。聖餐是耶穌為其跟隨者所設立的，是紀念他的一種方式。這個儀式包括擘餅(代表主破碎了他的身體)和喝葡萄酒(代表主所流的寶血)。

最早被建立的教會位於耶路撒冷，而大部分的福音工作亦是由此延伸開去；因此，最早皈依基督教的也多是猶太人。早期教會的信徒(包括領袖)仍在摸索作「基督教會信徒」是怎樣的一回事，並揣摩基督教與猶太教之間的分別。由於基督信仰的核心人物是猶太人耶穌，而早期教會所有領袖亦是猶太人，所以當時的基督徒仍遵守猶太人的文化風俗(即舊約的律例)；基於這緣故，很多早期的猶太裔基督徒都認為基督信仰是猶太教中一個新興的派別。而在某程度上，整個使徒教會的歷史，就是要見證早期基督徒如何確立自己的身分，並把基督信仰從猶太教的框架中解脫出來。

a. 初代教會的生活是怎樣的？

b. 使徒們為何要補選一位使徒來代替加略人猶大？若不補選，對「使徒」這羣體有何影響？

c. 雖然在耶路撒冷建立的第一間教會十分興旺，有多人信主，但她同時也面對著許多隱憂。你可以列舉出來嗎？

教會的擴展

正如前述，很多早期的猶太裔基督徒都認為基督信仰是猶太教中一個新興的派別，在這種觀念之下，早期教會的領袖和大多數的信徒都沒有把福音傳到外邦世界的想法。最早嘗試突破地域限制和固有觀念的，是一名教會會吏（或執事），名叫腓利；他先向猶太民族的宿敵撒馬利亞人傳福音，繼而向
徒8章 一名埃塞俄比亞（或稱衣索匹亞）的太監傳福音。然而，腓利只作為先鋒，他的舉動並未能代表耶路撒冷教會整體對外邦人的立場。相比之下，彼得就當然是更具代表性的人物了。

彼得不單到撒馬利亞人中間引證腓利所做的一切，更入住凱撒利亞一個非猶太裔的家庭中，見證上帝的能力如何臨到外邦人中間。使徒行傳的作者路加藉著腓利和彼得的這兩件事，告訴我們猶太裔基督徒觀念的轉變。而在腓利和彼得的這兩件事件中間，路加插入了掃羅悔改歸主的經過。這位生長於大數的猶太人，思想極其保守，他認為所有猶太裔基督徒都出賣了猶太人傳統的信仰，於是，他極力逼迫基督徒，以為這是為猶太教大發熱心。某天，他帶著大祭司的公文，要去搜尋並捉拿猶太裔基督徒。在前往大馬士革的路上，主耶穌向他顯現並呼召他。就從這刻開始，掃羅不單成了耶穌的跟隨者，更成為「外邦人的使徒」(正如他經常所說的)，意即「向猶太裔以外的人傳福音的特使」。

徒10.1~11.18

徒9章

a. 試仔細研讀使徒行傳八章，是甚麼原因導致腓利將福音傳給撒馬利亞人和埃塞俄比亞的太監？

b. 在使徒行傳裏，作者透過哪兩件事，表達猶太裔基督徒已開始向猶太裔以外的人傳福音？

c. **細讀掃羅蒙召的經文(徒九章),想想掃羅當時的心路歷程。**

耶路撒冷會議

雖然信主前後的掃羅判若兩人,但他做事的熱心和積極的特性並沒有改變。對這位由逼迫者轉變成跟隨者的新信徒,教會起初乃採取防備的態度。但掃羅不管其他信徒是否接納他,他仍要向非猶太人傳福音;又為方便起見,他採用了拉丁文的名字「保羅」。他深深感受到,是主耶穌呼召他成為「外邦人的使徒」。最先鼓勵保羅入伍,向非猶太人傳福音的,是一名叫巴拿巴的猶太人,而支持他的教會是安提阿教會。他的第一次
徒13~14章 傳道旅程(公元46~48年)非常成功,有很多人信主。但卻惹來不少保守的猶太人的質疑,懷疑**外邦人是否真可以就此得救。**

由使徒行傳十一章開始,焦點就集中在向外邦人傳福音的工作上。

猶太人的質疑帶來了歷史上第一次小型的大公會議,這會議又稱為「耶路撒冷會議」。會議討論的焦點,集中於保羅所傳的福音,即一個不受猶太教(特別是律法觀念)所轄制的福音,是否應獲得耶城母會的完全接納,並外邦信徒是否可以毋須滿足舊約對猶太人的種種要求
徒15.1,11 (尤其是受割禮),也同樣得救。經過一番激烈的討論後,保羅的主張獲得使徒們的認同,而外邦信徒羣體亦得到無條件的接納。值得注意的是,路加並沒有記錄保羅在會議中所發表的片言隻字。根據使徒行傳十五章6至

29節的記載，開始與結尾的兩篇重要演說，分別是由彼得及雅各代表發言的，而巴拿巴和保羅的分享或辯解則只用了一節經文帶過。這段經文明顯經過路加精心剪裁，從而給讀者一個印象：仗賴著兩位耶城教會的領袖——彼得和耶穌的兄弟雅各——的支持，這次紛爭得以圓滿解決。而在這過程中，保羅和巴拿巴則似乎只有觀戰的份兒，他們不費一點唇舌便成就了這歷史大事。 徒15.12

彼得對保羅的支持和引薦是十分重要的，若缺少了當時耶城教會領袖的認同，也許保羅最終只會淪為早期教會的一小派別而已。

保羅生平年表

年份(公元)	生平事蹟	參考經文
5	掃羅(保羅)出生	「青年」(徒7.58)；「上了年紀的」(門9)
35	司提反殉道	「那些證人把自己的外衣交給一個名叫掃羅的青年看管」(徒7.57～60)
約35	掃羅(保羅)悔改	3次記載他的悔改(徒9.1～19，22.4～16，26.9～18)
35～38	留在阿拉伯	「卻立刻到阿拉伯去」(加1.17)
約38	第一次到耶城，逗留了兩個星期	徒9.26～29；加1.18～19
38～43	在基利家和敍利亞工作	徒9.30；加1.21

43～44	第二次到耶城， 探望在饑荒中的弟兄	徒11.27～30，12.25
46～48	第一次傳道旅程	徒13.2～14.28
49/50	第三次到耶城， 參加耶路撒冷會議	徒15.1～29
51～52	在亞該亞總督迦流面前受審	徒18.12～17
49/50～52	第二次傳道旅程	徒15.40～18.23
52夏	第四次到耶城	徒18.22
53～57	第三次傳道旅程	徒18.23～21.17
53～55	探望以弗所	徒19.1～20.1
57	最後一次到耶城，並且被捕	徒21.27～22.30
57～59	被囚在凱撒利亞	徒23.23～26.32
59/60	啟程至羅馬	徒27.1～28.16
60～62	在羅馬第一次被囚	徒28.16～31
62～65	第四次傳道旅程	包括在克里特的工作(多1.5)
65～67	在羅馬第二次被囚	提後4.6～8
65～67	殉道	

溫習及思考問題

a.「耶路撒冷會議」能得到圓滿的結果，原因何在？

b. 在保羅的傳道旅程中，你會發現他為福音而擺上一切。你認為現代人為何沒有保羅這種事奉的心志？現代人缺少了甚麼？

c. 上帝透過腓利、彼得和保羅的經歷，逐漸帶領猶太人接受要向外邦人傳福音這事實。由此可見，上帝會帶領一個新的宣教工場的開發。你認為為何要開展新的宣教工場？開展新的宣教工場需要考慮甚麼因素？你又如何肯定這新工作是上帝的心意？

傳到地極

使徒行傳記載，保羅一生進行了3次穿越小亞細亞和希臘的佈道旅程：第一次在前文已經提及，記載於使徒行傳十三至十四章(公元46～48年)，第二次記載於使徒行傳十五章39節至十八章22節(公元49/50～52年)，第三次記載於使徒行傳十八章22節至二十一章16節(公元53～57年)。保羅沿途建立並堅固教會。他是在非猶太人中傳揚福音(關於耶穌基督的好消息)的一個關鍵人物。事實上，新約聖經的許多書卷，都是保羅寫給各教會的信函。

大約於公元57年，保羅在第三次佈道旅程後，又返回耶路撒冷。他到達後不久，就在聖殿裏受到猶太暴徒的攻擊；他們惱怒保羅使這麼多非猶太人歸向耶穌基督，又允許他們不行割禮。一輪爭辯之後，保羅恃著自己是羅馬公民的身分，要求上訴於羅馬，要在凱撒面前申訴，於是保羅就被押送到羅馬。在羅馬，保羅被軟禁了1、2年後，就得到釋放。據一些早期文獻，如羅馬教父革利免(Clement of Rome)於公元96年間的著作和《穆拉多利殘卷》(Muratorian Fragment)所示，保羅在「第一次被囚」後，確曾一度被釋放，並到訪過西班牙。及後，他再返回羅馬，且再次被囚，這一次的情況則較為嚴重，經過兩度審訊後，他終於在羅馬被尼祿王處死。

除保羅之外，其他幾位使徒也同樣在他們所知的世界各地展開佈道的行動，到處傳揚耶穌福音。使徒彼得最後可能到達羅馬，並在那裏生活；而使徒約翰則留在以弗所，直至被流放到拔摩海島上，在那裏，他寫成了新約的啟示錄，然後離世。約翰的死可謂標誌著由使徒直接領導教會的時代(即使徒時代)正式結束。

新約聖經內並沒有一一詳錄其他使徒及早期教會領袖的傳教歷史，不過，早期教會卻保存了不少有關的文獻。例如一位名叫以法蓮(Ephraem of Syria；公元306～373年)的敍利亞教父，在他所著的《四福音協調本註釋》中，就列出了多位使徒前赴傳道的地區(其中不少資料同樣可見於其他較他年期更早的教父著作)：

> 馬可在埃及傳福音，約翰在亞細亞，馬太在印度和猶太省的居民中間傳福音；多馬在帕提亞人中間、西庇太的兒子雅各在高盧傳福音；安得烈在西古提人、馬其頓人和亞該亞人中間傳福音；彼得在本都、羅馬，又在加拉太人、基比里亞人(Cimbrains)、庇推尼人(Bythinians)、小亞細亞省和默辛(Merdsin)省居民中間傳福音。保羅傳福音，從耶路撒冷直到西班牙。巴多羅買在印度的居民中間傳講馬太福音，又作那裏的監督；他也在呂高尼傳福音。

腓力在希臘人和加拉太人中間傳福音；基利司布在撻馬太人(Dalmatians)中間、提多在革哩底(Crete)居民中間傳福音；利未在本都以南傳福音。主的七十位門徒之一的達太，在烏斯康(Osrhoene或Urha)傳福音；當亞伯加(Abgar)作烏斯康的攝政王時，達太在他生病時治好了他。

新約大事年表

年份(公元)	新約歷史事蹟	參考新約經卷	羅馬王朝歷史
公元前4～公元30	**耶穌生平**	**馬太福音，馬可福音，路加福音，約翰福音**	**奧古斯都(公元前30～公元14)，提庇留(公元14～37)**
公元前4	耶穌出生		
公元8	耶穌12歲在聖殿聽道		
26	施洗約翰開始傳道工作；耶穌開始傳道工作		
26～36			猶太總督龐修·彼拉多上任
27～28	施洗約翰被囚		
29	施洗約翰被斬；耶穌過住棚節		
30	耶穌被釘十架、復活、升天；聖靈在五旬節降臨		
30～100	**早期教會時期**	**使徒行傳**	
35	大數的掃羅信主，改名保羅		

44	約翰的兄弟雅各殉道	雅各書	革老丟(公元41～54)
46～48	保羅第一次傳道旅程		
49/50	耶路撒冷會議	加拉太書	
49/50～52	保羅第二次傳道旅程	帖撒羅尼迦前、後書	
53～57	保羅第三次傳道旅程	羅馬書，哥林多前、後書	尼祿(公元54～68)
57	保羅在耶路撒冷被捕		
59	保羅在凱撒面前申訴		
60～62	保羅在羅馬被軟禁兩年	以弗所書，歌羅西書，腓利門書，腓立比書	
62	耶穌的兄弟雅各殉道		
64			尼祿焚燒羅馬
65～67	保羅在羅馬第二次被囚	彼得前、後書，提摩太前、後書，提多書，猶大書	
65～67/68	彼得與保羅在羅馬殉道		迦勒巴、鄂圖、威特留(公元69)，維斯帕先(公元69～79)，提多(公元79～81)
70	耶路撒冷被毀；聖殿被毀	希伯來書	
81～96	多米田逼迫基督徒		
90～95	使徒約翰被逐至拔摩海島	約翰一、二、三書，啟示錄	納華(公元96～98)

溫習及思考問題

a. 從《四福音協調本註釋》的引文可見，有許多無名英雄為福音默默盡忠，這是上帝所欣賞的。若上帝要求你在教會默默地事奉，而不為人所知，你是否甘心如此行？你會以甚麼態度面對自己的事奉？

b. 你認為福音已傳到地極了嗎？為甚麼？

c. 雖然使徒約翰的死標誌著「使徒時代」的結束，但福音工作仍繼續進行。你認為我們要怎樣做，才可以令這教會歷史一直延續下去？

第六章

聖經中人民的生活

- 嬰孩出生：割禮、奉獻禮
- 育兒和兒童教育
- 婚姻
- 病、醫治、死亡
- 一般飲食習慣
- 經濟環境
- 聖經語言

要介紹任何時代的社會文化和生活，內容都是非常繁多而豐富的，尤其是對於古代社會的研究。新的歷史鑒證和新的考古發現，都不斷為我們提供更多有關古代社會的資料。本章依據一般猶太人的家庭生活，特別以典型猶太人的成長歷程為骨幹，介紹猶太人在成長過程中，所接觸到的宗教、社會及文化活動等各方面。

嬰孩出生：割禮、奉獻禮

雖然族譜是以父親的姓名作為編排的根據，但按猶太人的規矩，要決
定一個人的血統，卻是取決於母親的籍貫。因此，凡猶太婦人所生的就是
猶太人，儘管婦人的丈夫是外邦人也不要緊。保羅的學生提摩太正正是這
徒16.1~3 樣背景的猶太人，他的母親是猶太人，而父親則是外邦人。這種族系認可
的方式，可能是南北兩國亡國之後才採用的。這明顯地反映了猶太人對血
的觀念，他們認為嬰孩既然帶有母親的血，就理應按母親的血統來決定其
籍貫。

在古代社會，由於缺乏醫療設備，人口的死亡率非常高。因此，嬰孩
的出生就代表著生命得以延續，是種祝福，相對而言，不育就往往被視為
家庭中的咒詛，而不育的婦女亦常被人輕視。這種情況在舊約中屢見不鮮，
創16.1~5 例如亞伯拉罕的妾侍(本來是僕婢)夏甲就因主母莎萊不育而輕看她；而雅各
創29.31~35; 30.1~24 的兩位妻子麗亞和蕾潔競相生子，同樣都以多生孩子為傲為榮；先知撒母
耳的母親哈娜不育，亦經常被丈夫的另一位妻子「侮辱」和「折磨」，後來上
撒上1.1~7 帝憐憫她，她才得生下撒母耳。及至新約時期，這種以不育為恥的風氣，
我們從年邁不育的伊利莎白(施洗約翰的母親)的說話可見一斑。當她發現
自己懷孕時，她興奮地說道：「主終於這樣厚待我，除掉了我在公眾面前
路1.25 的羞辱。」不過，根據第一章24節的記載，伊利莎白卻把自己隱藏起來，
不讓其他人看見她，可能因為她害怕自己這把年紀懷孕，倘若不順利的
話，更會遭人笑謔她禍不單行。況且，在當時缺乏先進醫療技術的情況
下，實在很難判斷一個人究竟是懷孕或是患上其他疾病。

在路加福音有關耶穌出生的記載中，顯示了傳統猶太家庭為頭生男孩所 路2.21~38
做的兩件事：第一是替嬰孩取名和為他施行割禮，經文清楚指明這是出生後 路2.21
第八日進行的；第二就是舉行長子奉獻禮，又稱「贖長子禮」。這些儀式本應 利12.3 路2.22~38
在聖殿舉行，但隨著會堂制度在兩約之間愈來愈普遍，這些儀式基本上在任何地方會堂都可以舉行。

在大多數的情況下，孩童的名字會沿用家族成員的名字，有時甚至直接 路1.57~63
採用父親的名字。在新約時代，猶太人名字的組合是這樣的：首先是自己的名字，然後再指出自己是誰的兒子，例如，彼得的全名是「西門．巴．約拿」
(Simon bar Jona)，其中的「巴」字是亞蘭文(相等於希伯來文的 太16.17《和》
ben)，意思是「(某人)的兒子」。此外，很多猶太人都有兩個名字，一個是希伯來文或亞蘭文名字(如「西門」)，另一個則是希臘文名字(如「彼得」)，他們有時甚至會取個拉丁文名字，例如「約翰．馬可」的「馬可」便是個非常普遍的拉丁文名字。

在現代希伯來文中，ben一字相等於德文的von或荷蘭文的van，均用來指出姓氏；von和van都是介詞，相等於英文的of/from。

至於施行割禮方面，雖然今天有好些非猶太裔的人(主要在西方)會為了衛生的緣故(避免包皮因污垢而發炎)，接受包皮環切手術(英文同樣稱為circumcision)，但對於猶太人來說，割禮的施行主要是基於宗教原因。

在猶太教的發展中，割禮禮儀不單是「猶太人」(作為一個民族的成員)的事情，亦是「猶太教徒」(作為一個宗教的信徒)必須履行的規條。因此，凡非猶太裔的男性欲加入猶太教，就必須先接受割禮。在新約歷史裏，我們可看到這禮儀已進一步延伸至早期的基督教會，當時有很多猶太裔基督徒，仍堅持所有外邦信徒都必須接受割禮，方能成為教會的一分子；然而，保羅卻指出這項要求的謬誤：這要求等於規定一個外邦人必須先成為「猶太人」或「猶太教徒」，方能成為「基督徒」。保羅認為這理論完全與基督信仰相違背。

加5.2~12; 6.12~15

割禮必須在嬰孩誕生後第八日進行，而「贖長子禮」則沒有特別的時間限制，大概只要等到產婦潔淨後就可施行。這禮儀的神學基礎在民數記三章11至13節有很清楚的記載：

> 利未人現在要歸屬於我【指上帝】。我擊殺埃及人一切頭胎的那天，我把以色列每一家的長子和每一隻牲畜的頭胎，都分別為聖，歸給我。可是，現在利未人要代替以色列長子的地位；他們要歸屬於我。

如此，利未人和他們的牲畜就分別替代了以色列人的長子和頭胎的牲畜。但由於當時以色列人中長子的人數超過利未人的人數，所以上帝就吩咐以色列人要以每人5塊銀子，把那些未被利未人所贖的長子贖回。自此，以色列人就以這禮儀表明父母承認頭生的兒子是上帝所拯救，固為祂所擁有的，而他們需把孩子買贖回來。

民3.40~51; 18.15~16

至於分娩後的婦人，則要守「產婦潔淨禮」。若產下男嬰，潔淨期為40天（若是女嬰則需要80天），在這段期間，產婦是算為不潔的，不得進入聖殿。馬利亞就在這段日子後，與約瑟和耶穌一同上聖殿去，守奉獻禮。從他們所獻的禮物，可見他們的家庭並不富裕。

利12.1~8

a. 從猶太人決定籍貫的方式可見，他們注重的是具體的血源遺傳，而不是在名義上跟隨父親的血統。你認為這種取決方式如何？

b. 你認為猶太人的生育觀念令當時的婦女承受著甚麼壓力？

育兒和兒童教育

猶太人社會的家庭模式，與一般古代社會大同小異，亦與中國古時的家庭很相似。兒女聽從父母是理所當然的。此外，孩童自小便要幫忙做家務，甚至協助父母耕種、畜牧等。很多時候，男孩子會在家裏跟父親學習一門手藝，就如耶穌也從約瑟身上學會做木匠的工作。在父母的角色上，男主外、女主內是典型猶太人的家庭模式，而丈夫在家庭中的地位亦較妻子為高。

重男輕女的觀念反映了當時社會以男性為主導的模式，亦反映了古代人對經濟效益的重視；就如今天一樣，在一些以勞動工作(如農業或捕漁業等)維生的家庭裏，代表著生產和勞動力量的男性，仍然佔著主導的地位。另外，一般古代社會的世界觀都認為，生育兒女主要取決於男性，女性只是協助而已；家族的延續只有靠賴男性的貢獻。

沒有一個民族會較猶太人更重視教育，因為對於猶太人來說，教育的最重大意義就是令下一代認識和愛他們的上帝。在早上和晚上，傳統的猶太人家庭都會背誦申命記六章4至5節，這兩節經文又稱為「**沙瑪**」(*Shema*)：「4以色列人哪，你們要留心聽！上主是我們的上帝；惟有祂是上主。5你們要全心、全情、全力愛上主——你們的上帝。」另外，父親會在孩童年幼的時候，就開始教導他背誦申命記三十三章4節：「我們要遵行摩西所頒布的法律；那是以色列最珍貴的國寶。」

「沙瑪」(Shema)的意思是「聽」，取自希伯來文聖經申命記六章4節的第一個字。

在舊約時代，教導孩童一般都以家庭教育為主，由父母親自教導。及至新約時代，由於大希律捐出了一大筆金錢，在巴勒斯坦一帶開辦義學，所以才開始有較正規的教育出現；一般猶太小孩(主要還是男孩子)在大約5、6歲的時候，便可到會堂(或老師家裏)上學。在教學的方式上，主要是由老師單向講解，學生與老師雙向的討論並不多。因此，耶穌12歲時在聖殿與拉比討論對話的場面，可謂是絕無僅有的。在學習的形式上，猶太人可謂相當著重背誦。

教學的重點內容是(舊約)聖經、猶太人歷史、基本神學和語言等。在聖經教導方面，必以五經為先，而其中又以利未記作為起點，因為書中涉及最多禮儀上的教導。除了對聖經規條要有基本的認識外，猶太人的小孩子亦要自小學習基本的口傳律法，例如在安息日可以作甚麼、不可以作甚麼，以及潔淨之禮(如何保持自己在禮儀上潔淨)等等。此外，語言的學習也是不可或缺的；在巴勒斯坦一帶通用的語言，除希臘文外，主要就是亞蘭文，但由於舊約聖經是用希伯來文寫成，因此，大多數猶太小孩都會略懂希伯來文。

a. 猶太人社會重男輕女，你能否在新約聖經裏察覺到這種情況？耶穌又如何看婦女在社會中的地位？

b. 猶太人對教育的看法，與中國文化傳統對教育的看法，有何相同之處？

c. 猶太人能否給予你啟迪，幫助你在家庭中實踐基督教教育？

婚姻

在舊約的族長時代，一夫多妻是社會所准許的；亞伯拉罕便是個好例子。但綜觀整個舊約歷史，我們清楚地見證，猶太人社會的婚姻制度確實由「一夫多妻」漸轉為「一夫一妻」。這個轉變是很微妙的，其由來亦不太清楚；有些學者認為，在摩西之後、法制嚴謹的社會裏，只有極少數人能負擔多妻所帶來的經濟壓力。**在舊約聖經裏，有關一夫一妻制度最清楚的教導，可能只有申命記十七章17節**，但這節經文只是對日後的帝王而言，並非針對當時的百姓。不

後期的猶太教文獻則引用創世記一章上帝創造亞當和夏娃為根據。

過，無論如何，到新約時代，一夫一妻制度似乎已明顯地成為猶太人的社會規範。

大多數青年人在20歲前就會結婚，配偶是由父母安排的，主要是從親屬朋友中選擇。另外，因女兒出嫁，不能再為家庭工作，女方家庭在勞動人手上有所損失，故男方必須付上聘金，金額多少則由男方父親與女方父親商討訂定。由擇偶、送聘禮或訂婚，以至正式舉行婚禮的整個過程，往往需要約1年的時間。正式婚禮通常歷時數天，期間親友都會盡慶歡宴。

在當時的社會，訂婚的約束性遠超過現今的西方社會。馬太福音記載約瑟在迎娶馬利亞之先，因知道她懷孕而想暗暗休她，可見雖只是背棄訂
太1.18~25 婚之約，仍視之如同解除婚約一般，絕不隨便。

溫習及思考問題

a. 你認為一夫多妻制會引起甚麼家庭問題？

b. 你認為今天的文明社會中，一夫一妻制度的基礎是甚麼？

c. 你對猶太人為子女安排婚姻的一切(包括婚禮)有何意見？

疾病、醫治、死亡

與希臘人的醫術相比，猶太人的醫術可謂相當落後。在缺乏科學和醫學知識的情況下，古代社會自然會把疾病歸咎於神明，但若與古代近東社會比較起來，猶太人並不算是非常迷信的社羣。猶太人大概不會把頭暈身熱等輕微病痛都視為神明的攻擊，但對於頑疾重病或先天性疾病，他們一般都會視為那惡者的工作。

在約翰福音九章1至2節，門徒對那天生瞎眼的人的看法，就正反映當時一般猶太人對疾病的看法。他們總以為疾病是出於上帝的懲罰，患病是因病人的父母或他自己犯罪而起的。就連福音書所記載的耶穌，在醫治病人時似乎也帶著這種世界觀，例如按馬太福音的記載，當耶穌醫治那個患癲癇病的人時，他卻「責備那鬼；鬼一出來，孩子的病立刻好了」；至於在 太17.14~18
馬可福音的記載裏，那聾啞的人被描述為被聾啞鬼（啞巴鬼）附著。究竟這 可9.17~27
是聖經作者的看法，還是耶穌身為猶太人的世界觀？還是正如有些人所指，這是耶穌本為上帝的世界觀呢？我們雖不得而知，但無論如何，這就是當時人所接受和認同的觀念。

皮膚病在古代非常流行，在聖經中，它們往往被統稱為「痲瘋病」。「痲瘋」的希臘文 *lepros* 一詞所涵蓋的意思甚為廣泛，可泛指一切可傳染的皮膚病。至於眼瞎、耳聾等病在福音書也是常見的。令瞎眼者得見光明、令耳聾者重新聽見，是猶太人所等待的彌賽亞所施行的神蹟。 賽29.18

現代人恐懼死亡，總要想辦法保障自己的人身安全。但在新舊約聖經的時代，人對死亡的看法卻完全不一樣，他們視死亡為人生的必經階段。然

而，當面對親友離去時，他們仍難免為生離死別而哀傷。當時為死去的人哀
哭，是個非常重要的儀節，有些人更是專職為死人哀哭的。耶穌在葉魯的家
路8.52 裏遇到那些「號咷大哭」的人，大概就是這些專業哭喪者了。

在中東一帶，因為天氣炎熱，屍體容易發臭，所以殮葬的程序要盡快進
行。另外，更重要的原因是，從猶太人的宗教文化看來，屍體是不潔的，所
申21.22~23 以必須盡早處理，而一般的殮葬程序會在一天內完成。

至於殮葬的方式，通常是在屍身上抹上香料和香膏，然後再以細麻布
包裹。耶穌在十字架上被釘死後，由於太接近安息日，所以人們沒有時間
這樣處理耶穌的屍體，只好先把它速速埋葬。等安息日一過去，即七日的
可16.1~2 第一日，婦女們才去用香膏抹耶穌的身體。猶太人一般不會用火焚的方式
殮葬，也不用棺木。他們把屍體包裹後，就將它置放於墓穴裏自然腐化，然
後才將餘下的骸骨放進稱為「骨甕」的特製器皿裏；這大概與我們今天土葬十
數年後「執骨」的做法相似。

富有的人通常會有家庭墓穴。一般的墓穴是由磐石鑿出來的，家中數名成員的屍體會放在同一個墓穴內。在猶太人的社會裏，在去世之前先為自己作好殮葬的安排和購置墓穴，是非常平常的事。

例如馬可福音十五章46節中捐出墓穴埋葬耶穌屍體的約瑟。

a. 根據猶太人的傳統觀念，人患上嚴重疾病的原因是甚麼？

b. 試簡單地描述猶太人的殮葬程序。你認為從中能否反映出他們對死亡的看法？你又如何看死亡？

一般飲食習慣

Koshe這希伯來文的意思是「適宜的、正當的」，指經正式處理的，按照猶太教規矩潔淨的食物。

在福音書中，法利賽人不時邀請耶穌飲宴，這可能也是「政治飯」的一種。

猶太人與現代人的飲食習慣有很多不同的地方。現代人常有「食堂式」的飲食方式，只是為了飽肚而與陌生人同枱吃飯，這樣在古代的猶太社會卻是非常罕見的。這一方面由於猶太人對飲食衛生有嚴格的要求(所謂***Koshe***)，另一方面則由於他們要遵守許多與飲食有關的潔淨禮。基本上，猶太人視飲食為一種重要的社交活動，一般只會與自己的親人或相熟的朋友同枱吃飯。然而，這並不表示古代社會完全沒有所謂「**政治飯**」的社交場合，但卻肯定比現代少得多。另外，我們要留意的是，猶太人(以及大多數的古代人)都是非常好客的，特別對於來自遠方的客旅，必定熱情招待；在這情況之下，對家主而言，本來的陌生人已經成為他們的友人了。

在近東社會，飲食前洗手實在是必須的，特別因為當時的人是不用餐具、直接用手進食的。對於猶太人來説，飲食前洗手更是日常生活禮節中重要的環節。法利賽人對這禮節的應用有仔細的研究，馬可在馬可福音七章1至5節略為解釋了他們的規矩：「……[3]原來法利賽人和一般猶太人都拘守祖先的遺傳，若不照規定先洗手就不吃飯；[4]從街上買來的東西若不先洗過也不吃。他們還拘守許多其他傳統的規例，好比怎樣洗杯子，洗鍋子，洗銅器和床舖等等。……」

傳統猶太人用膳時，都是在地上盤膝而坐，一般都要把腳隱藏起來，而食物就放在地上的布上。若布的面積較大，用膳的人會坐在其上，而每個坐位上更會設置坐墊。使徒行傳十章9至16節記載彼得見異象，有一塊布從天而降，載滿各樣的走獸、昆蟲和飛鳥，又有聲音吩咐他吃掉這些東西；這塊布顯然反映著傳統猶太人的用膳方式。詩篇六十九篇22節的「願他們的筵席在他們面前變為網羅」《和合本》，也許同樣取材自當時坐席的情況，詩人的意思是：「願他們坐著的那塊坐墊，好像網羅一樣，把他們困著。」

在新約時代，一般人日常用膳的方式都跟上述所提及的一樣；至於在飲宴上，則主要採用希臘或羅馬式的坐席方式。關於這種方式，我們大概可以從其中桌子的名稱略知一二。這種方式所使用的桌子或房間擺設稱為*triclinium*（拉丁文），意思是「有3面（*tri-*）坐席（*clin-*）的地方（*-ium*）」。這桌子並非三角形的，而是仿如U字型般，可供3面坐席；3面均設有長形沙發，在每張沙發前面又有桌子，用來放置食物，而坐席的人是躺臥著進食的。在躺臥（身體與桌子成直角或略為傾斜）時，主人和上等貴賓的距離就非常

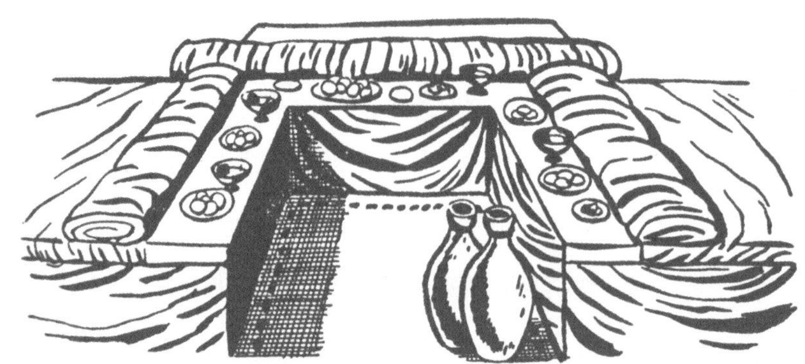

• 猶太人坐席時所用的U字型桌子。F.H. Wright, *Manners and Customs of Bible Lands* (Chicago: Moody Press, 1953), p.63.

接近，貴賓有如躺在主人的懷中；這距離便於兩人密談。至於沒有擺設長形沙發的那一邊就是通道，以便僕人服事賓客。耶穌與十二使徒共享最後晚餐時，房間的擺設大概就是這樣。希臘文中有句慣用語：「在……懷中」，其實是從這種飲宴方式而來的，包含「最親密的一位」的意思，例如《和合本》的約翰福音一章18節「在父懷裏的獨生子」一句，在《現代中文譯本修訂版》就翻譯成「只有獨子，就是跟父親最親密的那一位」。

猶太人的飲食以麥類、牛奶和豆類的食物為主。餅可算是他們最常吃的食物，有如中國北方人常吃饅頭一般。因為餅只能保存數天，所以他們通常每日都會製造新鮮的餅。至於肉類，他們並非經常吃的，大概只會在有貴賓到來或獻祭時才享用。

a.「用餐前洗手」對猶太人有何特別的意義？對你又有何意義？

b. 從古代近東的人在日常用膳時坐席的姿勢、所邀請的賓客和所預備的食物等看來，他們的飲食文化是怎樣的呢？

經濟環境

從亞伯拉罕時代起至初代教會擴展的時期為止，聖經內容所涉及的猶太人文化和生活方式橫跨了約2000年時間。

人民謀生的方式，取決於他們身處的年代和生活的地區。例如古代希伯來人屬遊牧民族，就主要以小羣聚集的方式生活。他們一般以飼養綿羊和山羊為主，為了放牧或避免受敵人侵擾的緣故，他們經常會從一個地區遷移到另一地區。後來(包括新約時代)，以色列人的生活愈趨安穩，則多以種植農作物為主，亦從事服務性工作，為都市和鄉村人提供各種不同的服務；不過，耕種和放牧始終是兩項最主要維生的行業。根據創世記四章2節記載，亞當和夏娃所生眾子中的兩個兒子，一個(亞伯)就是牧羊的，另一個(該隱)就是耕種的。

放牧

由於要有較穩定的生活，才可以耕種，所以耕種並不適合遊牧民族的生活。

古代近東一帶大部分地區的人，主要都是靠牧養綿羊和山羊維生的，所以，以色列人先祖的時代可算是**遊牧民族**的時代，他們四處遷移，以放牧為生。 創13.1~3

起初，這些放牧者(牧羊人)居住在帳棚裏，四處放牧，甚少有個人的財產。他們從一處遷移到另一處，目的是為其牲畜尋找食物和水源。他們主要的糧食來自所牧養的動物(綿羊和山羊)的肉和奶。他們又會用動物的毛和皮製成衣服及其他日用物品，包括他們所居住的帳棚。

愈接近耶穌的時代，城鎮生活就愈趨繁榮，牧羊人轉移在村子裏或村子附近生活。他們平日可以在附近的牧場牧放牲畜，到穀物收成的季節，他們又可當農場主人的臨時工人，協助收割。在夏天，牧羊人會將羊羣遷移到山區的牧場；到了冬天，他們又會將羊羣遷移到氣候較暖和的山谷。

牧羊人的生活是很艱辛的，他們大部分時間都在野外看守羊羣，不管氣候多惡劣也不能棄羊而去。為防備盜賊和野獸，他們經常睡在羊羣附近。牧羊人所使用的工具和武器是一根杆、一根杖和一個投石器。每天晚上，牧羊人都會將羊羣聚集中到稱為「羊圈」的地方。羊圈的外圍可能是牧羊人所堆砌的石牆，或自然形成的屏障(如洞穴)。當牧羊人將羊羣帶回羊圈時，都會用杖數點羊羣的數目，至翌日清晨往牧場之前，又會再數點一次，若數目少了，牧羊人會將羊羣暫時安放在羊圈內，然後再想辦法去尋找那走失了的羊。

溫習及思考問題

a. 除了以上的資料之外，你對羊有甚麼認識？試作簡單的介紹。

b. 從以上的資料，你認為牧羊人與羊群的關係是怎樣的？

c. 耶穌曾自稱是牧羊人(參約十章)，你經歷到耶穌是你的牧羊人嗎？

耕種

以色列人在埃及和離開埃及定居迦南的時期，耕種成為他們謀生的另一種主要方式。每個家庭或多或少都會有一塊田地。若耕種小麥和大麥，這些穀物就可用來作餅。在耶穌的時代，小麥和大麥已成為最主要的農作物。

要種植穀物，農夫必須先耙鬆硬地，壓碎土塊，這樣泥土才適合植物生長。靠兩頭負軛的牛在前面拉著犁耙前行，農夫在後面掌握耙地的方向，就可以把土地耙鬆了。保羅就曾借用牛負軛的場景談及「信徒和非信

林後6.14 徒」不能同負一軛(主要指婚姻關係)。鬆土之後，農夫要在秋季(大概是每年的10月尾至11月初)第一場雨過後才開始撒種耕作，因為這時的泥土才會鬆軟。到4月尾、5月初就是收割大麥的時候，小麥則要再過1個月才能

收割。到了收割的季節，人們會用鐮刀(有鋒利的刃，用鋼鐵造成)把直立的穀物割下來，捆成一束束以便收集和運送到打穀場。農夫會在打穀場打穀，再用牛拉碾子將穗子上的穀殼拉脫，接著就揚穀，將穀物向空中揚起，乘風將穀殼吹走，使穀粒遺落下來。最後，經篩選的穀粒就會收藏在麻袋或大瓦缸裏。

以色列的農夫已學會因應每年雨季和旱季交替的氣候，種植不同的農作物。秋雨過後，農夫就開始撒種耕作，如果冬天仍有雨，次年4月或5月即可收成。他們也學會在素質不同的土地上種植不同農作物的技巧，不論是肥沃的土地、亂石地或貧瘠的土地，都有最適合種植的農作物。隨著經驗的累積，以色列人對耕種的知識亦不斷增加，漸漸種出各種類的蔬果，例如各種各樣的瓜、無花果、椰棗、葡萄、橄欖、石榴和各樣乾果等。他們也嘗試種植碗豆、扁豆、洋蔥、黃瓜等蔬菜。

a. 自從進入迦南地之後，以色列人開始耕種，你能否在舊約聖經裏找到與耕種生活有關的經文？

b. 因受到地理環境的影響，以色列人的農業發展得很快。這對於以色列人的生活有何影響？與未進入迦南地之前有何不同？

漁業

對舊約時代的以色列人來說，漁業的收入遠不及農業和畜牧業。由於沿海一帶的地區都被非利士人和其他外族控制著，魚類產品主要來自加利利湖和約旦河，其中最常見的是一種屬於沙甸魚類的魚。根據摩西律法，
申14.9 以色列人不能吃無鰭無鱗的魚。聖經並未提及其他特殊種類的魚，而舊約聖經也甚少提及漁業，一般學者認為漁業對以色列的經濟影響並不重大。到了耶穌的時代，漁業才比較蓬勃。耶穌呼召雅各和約翰為門徒時，他們
可1.19~20 就將家庭漁業留給了父親和僱工。

薪酬

創29.15; 彌3.11; 太20.1~15; 路3.14 聖經很少談及哪類工作的薪酬是以錢幣支付的，早期的以色列人很可能是以貨物或食物作工價，要具體知道以色列歷史中早期的薪酬情況是一件困難的事情。在列王時期，金幣銀幣會被製成幾種不同的重量，而以色列人就會以這幾種不同的重量來作為工價。大約在公元前600年，波斯帝國開始鑄造錢幣，以色列人間中也會用這些錢幣來支付工價。到耶穌時代，已有各種各樣的

• 新約時代所用的錢幣

錢幣供人購買商品和支付勞務報酬之用。在馬太福音二十章1至16節所講述的一則猶太地故事中，葡萄園工人受僱一天的工價是一個古羅馬便士，但這便士的價值並不確定，所以難以與現今工人的薪酬作比較。

僕人和奴隸

畜牧和耕種之外，還有許多人(無論是為奴的或是自由的)會從事勞動的工作。這些僱工會當廚子、女僕、裁縫，或做看守土地、幫助照顧小孩等各樣工作。通常只有皇室人員或有錢人家才會僱用僕人，甚至購入僕人；在皇室作管家的僕人更會受人尊重，而為君王奉上酒菜的僕人(又稱為
酒政《和》或司酒長《現修》)就更被器重。 創40.9~11; 尼1.11

除此之外，還有其他工作，如當接生婆、醫生、奶媽(通常是指一個婦 創35.16~18 代下16.12; 可5.25~26
女餵養另一個婦女的嬰孩)、兌換銀錢的人、開客棧的人和妓女等等。 出2.7 太21.12 路2.7;10.35

在聖經中，「僕人」這個名詞可以指一個奴隸，也可以指一個被僱用作 創38.14~18; 書2.1
某類工作的人。在聖經時代，已有各種奴隸出現，而僱用或買賣奴隸也是件相當普遍的事。有些人為償還債務、或生活貧困而自賣己身為奴；做奴隸可能是糊口和找尋棲身之所的惟一途徑。另外，在聖經時代亦有許多奴隸是戰爭的俘虜。大部分的奴隸都負責做家務，並非在田間工作或作手工藝。聖經中記載了對待奴隸的原則，其中包括工作時間的限制以及奴役期
屆滿的處置安排，還有一些善待奴隸和不許虐待他們的條例。 出21.2~6; 利25.10,39~46 申23.15~16

耶穌經常以日常生活的事物為題材，用故事或比喻方式教導人。第1世紀時期的巴勒斯坦與今天的社會十分相似，都是貧富極端懸殊的，耶穌所

說關於財主和拉撒路的故事，其中的景況於當時實在並不罕見：「[19]從前有一個財主，每天穿著華麗的衣服，過著窮奢極侈的生活。[20]同時有一個討飯的，名叫拉撒路，渾身生瘡；他常常被帶到財主家的門口，[21]希望撿些財主
路16.19~21 桌子上掉下來的東西充饑；連狗也來舔他的瘡。」這故事並非故意誇大兩個人物在身分和生活景況上的差別，在當時的社會，有錢人實在可以活得非常奢華，他們大多住在城內，有奴僕服事；反觀大多數窮人，他們的收入可能極不穩定，生活亦毫無保障，較幸運的可能會從父親學得一門手藝，以之謀生，耶穌大概也是其中的一個例子。至於沒有固定工作的人，就只能作臨時散工，他們每天會在市集等待人僱用他們，而每天的工資就視乎僱用他們的
太20.1~16 人在工作前與他們的協議而定。

a. 四福音經常提到與漁業有關的事情，你能否從經文中略知新約時代的漁業是怎樣的？

b. 聖經曾經詳細地列明主人對待僕人的原則，你能否按上文所提供的經文，把這些原則找出來？

c. 在耶穌的時代，重富輕貧的情況是相當嚴重的，但耶穌卻與貧窮人相近。目今教會裏多是中產人士，許多低下階層的人都難以融入教會的生活中，你的教會有沒有這種情況呢？這情況又可如何改善？

聖經語言

創世記解釋了很多人類生存基本要素的起源，包括人類及文化的起源。語言可謂是人類文化非常重要的一環，創世記的作者亦感到有責任解釋人類語言的起源和各種方言出現的起因。

創世記第十章記載了人類語言的新開始，那是由挪亞和他3個兒子：閃(Shem)、含(Ham)和雅弗(Japheth)的家庭展開的。那個時候，「起初天下的

創11.1 人只有一種語言」，但不久人類企圖背叛上帝，於是上帝便「攪亂他們的語言，
創11.7 使他們彼此無法溝通」，這就是著名的「巴別塔」故事了。

雖然這個故事並未將語言和各種方言的起源和流變交代清楚，但挪亞3個兒子的名稱（即閃、含和雅弗）和這種3分法，卻為語言學家提供了一種將人類語言分類的方法。希伯來文和亞蘭文均屬於「閃語系」；希臘文、拉丁文和大多數歐洲語言乃屬「雅弗語系」，一般亦稱為「印歐語系」（Indo-European）。至於「含語系」，則以非洲的語言為主。

聖經書卷中所涉及的3種語言，分別是希伯來文、亞蘭文和希臘文。

希伯來文和亞蘭文

一直以來，希伯來文都不算是廣被使用的語言。基本上，在以色列國南北分裂以及更早的族長時期，希伯來文只有以色列人使用。南、北以色列國相繼滅亡後，希伯來文的使用亦逐漸式微，自此，在巴勒斯坦一帶，一般人所用的語言是亞蘭文。新一代猶太人就在這種語言環境中成長，自然也以亞蘭文為母語。在新約時代，希伯來文對於猶太人，就如拉丁文對於羅馬天主教的神職人員一樣，只是純宗教用語，只會在聖殿或會堂裏敬拜時才使用，就如應用在詩歌和禱文中。至於拉比之間的學術討論，也許仍會使用希伯來文。

基本上，聖經的希伯來文與今天猶太人所講的希伯來文，在讀音和語法方面，都極為接近（兩者最大的差別，可能只在拼字上）。在書寫方式上，兩者均是**由右至左書寫的**；而今天希伯來文的字型結構，亦與古時的希伯來文一樣。此外，兩者都是由22

這也是大多數古代語文的特色，中文當然是一個典型的例子。

個輔音(或子音)組成，並沒有元音(母音)。值得一提的是，所謂「沒有元音」，並非表示這語言系統沒有元音，若真如此，這個語言根本就不能發音，因為輔音本身並不發聲。這情況只表示，在書寫方面，這種語言沒有任何表示元音的字母，但在朗讀時，懂希伯來文的人(猶太人)自然會配上適當的母音——這當然是指已識字的猶太人而言。例如輔音 t r h 本身不能讀出來，要拼讀這字就必須加上適當的元音，成為 $t_{o}r_{a}h$，意即「律法」。

在現時所採用的舊約聖經原文的文本裏，每個希伯來文字詞都有某些「音點」(pointings)，主要置在輔音之下，其作用就是代表隱藏的元音，以便學習(這不單是為非猶太人而設，也為教導猶太裔小童而設)。這元音系統大概是公元 6 世紀至 10 世紀期間，由當時一羣非常有學識的馬索拉學者(Masoretes)所創制的。

你可能不知道，中文「耶和華」都是由這些元音點拼音而來的。這字的原文是「yhwh」，在猶太人羣體中是個至聖的名字(有時稱為「四字母詞」，英文稱為tetragrammaton)，為免妄稱，一般猶太人都不會隨便讀出來。遇上這字時，以色列人都會讀「$_{a}d_{o}n_{a}y$」這字(意即「我的主」)來代替。一些中世紀的希伯來文聖經抄寫員，可能為免誦讀聖經的人忘記這規矩，所以就把「$_{a}d_{o}n_{a}y$」一字中的元音(即a, o, a)配到「yhwh」裏，成為「$y_{a}h_{o}w_{a}h$」，之後就演變成英文的「Jehovah」和中文的「耶和華」。今天的聖經學者(無論是基督教或猶太教)都認同這字的正確讀法並不是「Jehovah」，而是「$y_{a}hw_{e}h$」，在中文有時翻譯為「雅威」。有些中文聖經譯本為免延續「耶和華」這錯誤的讀法，便把這字意譯為「上主」，而英文則以全大楷體LORD顯示。

與希伯來文頗為相近的是亞蘭文，兩種語言的字母相同，語法亦很相似。亞蘭文是在所有已知的近東語文中，歷史最悠久的語言之一。它在聖經的列祖時期已被使用，到今天仍然被少數人沿用。遠在巴比倫時代，亞蘭文已是美索不達米亞一帶最通行的語言；起初，亞蘭文主要是商業用語，後來才逐漸為多個國家(例如波斯)所使用。舊約聖經中的但以理書和以斯拉記，**也有部分內容是以亞蘭文寫成的**。另外，在新約聖經裏，當記載耶穌臨終時的最後一句話(出自舊約詩篇二十二篇的開首)時，馬太福音和馬可福音就分別以希伯來文和亞
太27.46 可15.34 蘭文來稱呼上帝，即「以利！以利！」和「以羅伊！以羅伊！」，兩者的意思都是一樣的，即「我的上帝！我的上帝！」而下句的「拉馬撒巴各大尼」則是亞蘭文，意即「你為甚麼離棄我？」。

例如在以斯拉記四章8節至六章18節和七章12至26節這兩段經文中，記述猶太人的敵人與波斯王大流士之間的書信往來，以及亞達薛西王給以斯拉的一封信。

希臘文和拉丁文

對於希臘文字母，一些曾讀過數學或物理的人應該不感陌生，因為希臘文常常會在一些公式上出現。新約時期的希臘文共有24個字母，分別有大楷和小楷兩種寫法(希伯來文和亞蘭文並沒有大小楷之分)。

除了中國文學的作品之外，希臘文學的作品可算是古代語文中最豐富的。最早而又較完整的作品，莫過於詩人荷馬(Homer；約公元前8世紀出生)的兩本史詩巨著：《伊利亞特》(*Iliad*)和《奧狄西斯》(*Odyssey*)。除荷馬以外，還有像柏拉圖和亞里士多德等哲學家的著作。

拉丁文是羅馬帝國的官方語言，所有官方的通函都是以拉丁文寫成的。拉丁文在整個日耳曼(Germanic)語系中影響非常深遠，今天很多歐洲的

語言，包括德語、英語，特別是意大利語，都深受拉丁語的影響。據一統計，英語中有七成詞彙的詞源是拉丁語。然而，在新約時代的羅馬帝國，拉丁語的影響力和普遍性卻不及希臘文。這主要由於羅馬文化根本深受希臘文化的影響，而羅馬文化本身又沒有任何優秀突出之處，故在宗教、思想、生活和文化各方面，羅馬文化所反映的差不多全是希臘文化的特色。此外，亞歷山大大帝及其後的將領所推行的希臘化運動，在整個歐洲大陸更奠定了根基，故歐洲大陸雖在政治上被羅馬帝國所征服，但在文化上卻受著希臘文化的薰陶。

約翰福音十九章19節提及彼拉多把「拿撒勒人耶穌，猶太人的王」這名號，寫在那釘在十字架上的牌子上。這短句是用3種不同的文字寫成的，即「希伯來、拉丁，和希臘三種文字」，彼拉多使用這3種文字，是因為這3種 *約19.20*
文字在當時的應用最為廣泛。「希臘文」固然是當時的「通用希臘文」；「拉丁文」是指羅馬人的文字；而「希伯來文」，原文 *Hebraisti* 可指「希伯來文」或「亞蘭文」(因為兩種文字的字母是相同的)，但一般學者都認為這裏不是指「希伯來文」，而是指「亞蘭文」(《呂振中譯本》譯作「希伯來土話」)。

鑒於希臘文的使用非常普及，所以早於公元前3世紀開始，希伯來文聖經各書卷已逐漸被譯成希臘文，稱為《七十士譯本》。這譯本將希臘文的表達方式引進到猶太教，後來更引進到基督教。在《七十士譯本》裏，希臘文的表達方式往往增添了嶄新的引申意思；而一個希臘字在舊約裏的用法，也常常為該字詞在新約裏的含意提供了解釋的線索和依據，因此，希臘文舊約聖經在基督教思想的發展過程中有著重要的意義。

a. 透過「巴別塔」的故事，以及閃、含和雅弗的歷史故事，你對人類語言的認識增加了多少？

b. 上帝選用希臘文作為撰寫新約聖經的工具，因為這語言非常普遍。但為何上帝又會選用希伯來文這種不被廣泛使用的語言來撰寫舊約呢？你對此有何意見？

c. 若要認識聖經，除了要認識聖經語言的歷史之外，你認為是否有需要認識希伯來文和希臘文？

第七章

讀經的須知

- 讀經的神學前設
- 讀經的基要元素
- 讀經與你的性格
- 讀經的最重要環節
- 你的聖經工具箱

解釋聖經的學問一般稱為「釋經學」，這是聖經研究中一門非常重要的學問，是每一個接受神學裝備的人必修的科目。所有有志於進深研究聖經的人，都應嘗試在這方面多多學習。不過，對於初信者，我想不應把事情弄得太過複雜。聖經既是古代聖賢在上帝的感動之下，用人的文字寫成的作品，我們也就可以用了解一般文字的方法來解讀聖經的內容。簡單來說，閱讀聖經的一大原則，就是要用平常心來閱讀。

本章的目的，並非要討論研讀聖經的方法，而是嘗試列舉幾個原則性的重點和提醒，好幫助初次接觸聖經的讀者，能正確、正面和樂觀地開始閱讀聖經。首先，我們從神學的角度看看讀經是怎麼樣的一回事。

讀經的神學前設

「神學」在此處是指聖經——不是一段或兩段經文，而是整本聖經——對某課題的綜合性和整合性的理解。我們既相信主耶穌基督是我們生命的主，而我們的信仰是生命中最重要的環節，那麼對於我們周圍的事情和事物，某程度上都應該從「神學」的角度來作評價。當然，不同的人對同一件事情也許會有不同的神學理解；但無論如何，我們的讀經生活都有一定的神學前設。

聖經既是上帝給人類的啟示，最終為要導人歸向上帝，成為更合上帝心意的人，那麼，上帝就有義務給予人明白聖經的能力。簡單來說，上帝有責任使那承載祂啟示的文字，變成可閱讀、可理解的媒體，目的是要使人從中明白祂。這可說是「讀經」上基本的神學前設，有時稱為「聖經的明晰性」(Perspicuity of the Scriptures)，意思是：聖經的基本信息是明確和清楚的。

有些早期教會的領袖(有時稱為「教父」)已經清楚闡明這原則，其中一位就是有「金舌頭」之稱的第5世紀教父約翰·屈梭多模(John Chrysostom)。他早已指出：「所有必須性的教導都是清楚的」(all things that are necessary are plain)。不過，最能闡明這教義的，要算是1647年出版的《威斯敏特認信》(*Westminster Confession of Faith*)，其中第一課〈對聖經的認信〉的第七段寫道：

> 聖經的每一部分不都是一樣清晰的，也不是對每一個人都清晰易明的(彼後三16)：然而，那些為要叫人領受救恩而必須讓人知

道、認信和觀察到的信息內容，都在聖經裏非常明確地陳述和顯明，以致不僅是有學識的人，就算是沒有學識的人，透過一般性的途徑，都可以有充足的理解（詩一一九105、130）。

信條和認信都不相等於聖經，但卻廣泛地反映了教會在某些課題上的一些綜合性意見。信條的用語都是儘量精簡，但又整全的。這信條確實很精簡地闡述信徒讀經應有的前設，就是「聖經的信息是清晰可明白的」。以下幾點是必須留意的：

1. 聖經的每一部分不都是一樣清晰的；其中有容易的，也有困難的，有直接可理解的，亦有必須多留意經文的背景才可正確地理解的；
2. 這信條最關注的是與救恩有密切關係的教導，但這並不代表其他諸如歷史或地理資料等等的教導不重要，只是它們不屬於聖經的核心教導而已；
3. 所謂「一般性的途徑」，是指個人研讀、與其他信徒討論、以及運用一些參考書等方法，而不是指超自然和神蹟性的媒介和方式；
4. 閱讀（或研讀）聖經的人會對有關的教訓有「充足的」，而不是「完全的」理解。

這看起來似乎是很簡單的認信，但卻指出了最基要的核心，亦涵蓋了多方面的情況。聖經的內容儘管有些是複雜難明，但對於救恩的教導（廣義來說，是指導人歸向上帝，成為合上帝心意的人的教導），卻是清晰明確的。「每一個人都可以看得懂聖經」是一個很重要的原則。閱讀聖經的第一步是：我們必須相信，上帝不是要隱藏所啟示的真理（不然，祂就是自相矛盾），而是願意我們明白聖經（否則，我們便可以為我們的罪找藉口）。我們是可以明白聖經的信息的，這是上帝對人類的應許，也是上帝的心意。

在這個神學的大前提下，我們可以進一步探討一般人在閱讀聖經時所面對的基本問題。

讀經的基要元素

很多關於簡易查經法的書本都會指出查經三步曲：觀察——解釋——應用（Observation-Interpretation-Application，英文簡稱為OIA）。這三步曲指出讀經的人要先對文本的內文和背景（包括其歷史、社會和文化背景）作出基本的觀察，然後才解釋文本，闡述文本的信息，最後才思想如何把這信息應用在日常生活中。

對於某些人來説，著意學習這種「觀察——解釋——應用」的程序，可能是有幫助的。然而，對於經常閱讀的人，這些步驟只不過是把一貫的閱讀方式程序化，把自然的程序複雜化而已。更甚的是，這種教導帶有含意，令人以為閱讀聖經與閱讀其他書籍不同，所以要學習另一種的閱讀方法，才能適當地處理聖經的文本。儘管聖經是一本不普通的書，是上帝給人類的啟示，但閱讀聖經最有效的方法，其實跟閱讀一般普通的文本並沒有多大分別。

對於一般身體和精神健全、又受過基本教育的人來説，閱讀是一件很自然的事情。或許各人的語感和語言能力會有多少差別，但基本的閱讀、理解和分析，是很多人都具備的能力。我們會因應不同的讀物(如報刊、課本、小説、詩詞集、科學書、或史料文獻等)而採用不同的閱讀方法，並在理解時翻查不同類型的資料，作出不同的調校。個人的理解能力是上帝賜給每一個人的。

本書第一章已經多次提及，從第一本聖經書卷面世至今，已約達3000年之久了，就算最後寫成的書卷距今亦將近2000年了。若將聖經與我們日常所接觸的讀物作比較，聖經其實就是一本古籍文獻，並不是現代的文學作品；而且，這古籍文獻不是用現代的語言寫成的，而是用三種古代的文字(希伯來文、亞蘭文和希臘文)寫成的。

由於聖經的寫作時期與我們所身處的時代有時間上的差距，而聖經的語言與我們的語言又有很大的差異，所以，我們在理解聖經內容時遇到困難，其實是非常正常的事。這就好比一個不懂中文的美國人要讀懂孔子的《論語》，一個不懂英文的中國人要讀懂莎士比亞的*Hamlet*(《王子復仇記》)一樣，遇到困難是可理解的；讀者若閱讀過任何外語古籍，也都必定經歷過與閱讀聖經相類的困難。因此，要讀懂古籍文獻，確認時代背景和語言背景是非常重要的基礎。事實上，讀者在閱讀時所遇到的問題，絕大多數都可歸因於對這兩方面的認知不足。

以下所提出的幾點，正是要增加研讀聖經的人對時代背景和語言背景這兩方面的認知。

語言問題、譯本的選擇

我們先處理語言的問題。最徹底的解決方法當然就是學習原文，然後直接閱讀原典文獻。然而，這又談何容易！若不花上5、7年時間不斷努力和浸淫其中，這根本就不大可能成事。因此，一般人讀聖經都是從譯本開始，而選擇一本適合自己用的譯本便來得相當重要。

讀者要留意，我所說的是信徒要選擇本「適合自己用的譯本」，而不是一本「最好的譯本」。常有人問：「哪部譯本是最好的？」這問題的關鍵明顯是「最好」。這「最好」一詞可以有兩個意思：第一是指「最萬能」的譯本，第二是指「最準確」的譯本。

對很多人來說，「最好的譯本」就是「最萬能」的譯本，即一本適合男女老幼、不同教育文化背景和不同信仰經歷的人的譯本。但不幸的是，這樣的譯本是永遠不會存在的。每個善於寫作的人，必會在開筆之先決定寫作的對象是誰，是內行還是外行的人，是成年人還是兒童等。同樣，每個聖經翻譯委員會在展開翻譯工作之先，都必會先確定其對象。因為年紀、信主年日的長短和教育背景等因素，都會令各人有不同的需要，所以適合各人閱讀的聖經譯本亦自然有別；一本適合信主已久的人的譯本，通常都不會適合初信者閱讀。

倘若「最好」的譯本是指「最準確」的譯本，那麼，這又是另一個問題了。一方面，每間譯經機構都會為自己的譯本辯護，聲稱自己的譯本是「十分準確」(背後其實要說「較其他譯本準確」)的。另一方面，翻譯一本接近1,000,000字的書，要做到每個字詞都同樣準確，幾乎是不可能的事；**而即使要對一個譯本整體的準確性予以中肯認真的評價，亦絕非易事**。我的經驗是：不同譯本往往是互相補足的，這譯本處理這段經文較好，另一個譯本則處理那段經文較好。基本

正因這緣故，我們不可武斷評論任何一本譯本，亦不可隨便相信別人對某譯本的評價。

上，在一般基督教書店可以買得到的聖經譯本，都是非常準確的了，讀者可以放心選讀。然而，問題還沒有解決：讀者應怎樣選擇一本「適合自己用的譯本」呢？

於1988年出版的《新標點和合本》，主要作出專有名詞、標點符號和分段方面的修訂。

在市面上的數個中文聖經譯本中，**《和合本》**是最被廣泛使用的譯本，亦是非常準確的譯本。《和合本》全書於1919年面世(舊約：1919年；新約：1906年)，初版距今已接近1個世紀；在這段日子裏，中文用語的改變非常之大。這並不表示這譯本已不適合信徒使用，只是對於年輕的信徒和初信者來説，《和合本》的文字確實不容易理解。《聖經新譯本》(舊約：1992年；新約：1975年)在中文用語上的確有明顯的改善，可讀性很高，而且亦非常準確，但對於一些教會常用的經文，其用語仍偏於傳統，與《和合本》用語頗為接近。對於一般人來説，1995年出版的《現代中文譯本修訂版》可能是最易明白的譯本，因為其中的文句最符合現代漢語的表達方式。

現代漢語的語法以現代白話文作標準，其中的表達方式與用詞都跟粵語不同，所以不懂普通話的人會較難明白現代白話文的語句。

《現代中文譯本修訂版》主要以現代白話文的方式表達。雖然這譯本的用詞相當淺易，**但對於以粵語為母語的人，現代漢語的書面語始終是不夠直接**。讀者不妨嘗試給不識字、操粵語的人讀一些經文(任何譯本皆可)，對方不一定完全不明白經文內容的意思，但在理解上卻會感到吃力，因為對他來説，雖然聽進去的都是粵語，但表達和用詞卻依然是現代白話文，跟他日常用的粵語表達方式十分不同。因此，若能用粵語的表達方式，口語化地把經文讀出，他定會感覺親切得多，亦較易明白。所以，我亦建議讀者在讀經時，嘗試把《現代中文譯本修訂版》用自己的母語口語化地誦讀，在增加新鮮和親切的感覺之餘，相信亦會有助理解內容的意思。

無論使用哪個譯本，最重要的原則是：不要長期使用同一個譯本，應該經常使用不同的譯本，免得閱讀聖經時對內容變得麻木。因為當文字不能給予讀者刺激時，閱讀也難有新的領受。

體裁的確定和用語

在我們的日常生活中，經常接觸到不少文字，例如報刊或小説等等。有趣的是，在閱讀不同的文體時，我們的解讀能力亦會作出相應的調節。例如當讀到金庸在《倚天屠龍記》中對某大俠高深莫測的武功的描述時，我們會覺得閱讀的過程非常順暢，沒有甚麼不妥當，但若我們在報章的報導中讀到類似的描述，我們定會感到很突兀，或以為撰文者故意要表現他的文采。由此可見，各種文體均有其相應的表達手法，不宜相混淆。

文體的表達形式之所以不能相混淆，是因為體裁會直接影響我們解讀文字的方向，因此，在閱讀聖經時留意經文的體裁也就非常重要。例如我們閱讀天啟文體的經文(如但以理書或啟示錄)，當讀到文中的象徵性用語時，我們當然不會把這些詞語當作歷史性的敍述來理解；而箴言是智慧的格言、人生的通則，我們也不會將它與命令或應許混為一談。

聖經既是一本書卷結集，就不會只有單一的體裁，而是由多種體裁組合而成的；甚至在同一卷書卷裏也可能採用了多種不同的文體，例如敍事體、先知書、書信體和詩歌體等，彼此穿插，形式豐富多變。以下會淺談幾種體裁的特別表達方式。

比喻和象徵

體裁是文本的表達方式，各種體裁又可以按不同層次分類。第二章已簡述聖經各書卷的主要體裁，這都是較大層次的分類，另外也有一些較細層次的體裁，是經常見於一般經文的。

首先，「比喻語言」可算是一種相當普遍的表達手法，是經常運用於故事或類比的修辭技巧。它主要用來説明一個更深層面的道理，其中又分為明喻(simile)和隱喻(metaphor)兩種。明喻是以兩件有相同之處的事物，透過喻詞的串連而作比擬，例如在詩篇五篇12節：「上主啊，你賜福給正直的人；你的憐憫是像盾牌保護他們。」作者用「盾牌的保護」直接比喻祂的憐憫。而隱喻則是將一件事物直接視為所比擬的對象，並用「是」來代替串連兩者的喻詞，例如詩篇二十三篇1節可算是聖經中最出名的隱喻：「上主是我的牧者」。

此外，聖經也有許多象徵性的用語。所謂「象徵」，就是藉具體的事物來表達抽象的含意，「象徵」的使用可謂較「比喻語言」更不受句法形式上的限制。在聖經裏，許多的象徵性用語往往都具有深刻的神學含意，以下列出的是幾個常見的象徵性字詞：

詞語	例子	意義	參考經文
行淫	那些跟她行淫的人	墮落	啟2.22
錨	我們有這盼望，正像生命之錨	平安穩妥	來6.19
爐灰	坐在塵土和爐灰中懺悔	謙卑	伯42.6
生命冊	我絕不會從生命冊上把他的名字除掉	上帝子民在天上的記錄	啟3.5

糠秕	他們像糠秕	沒有信仰的人	詩1.4
妓女	這城原來是忠貞的，現在竟跟妓女一樣	離棄信仰的人	賽1.21；啟17.5
角	摩押的角(《現修》譯作武力)	能力	耶48.25
麻紗	賜給她潔白光亮的麻紗衣裳	公義	利16.23；啟19.8
赤身露體	不至於赤身露體	缺少了上帝的義	林後5.3；啟3.17
麻衣	禁食、身穿麻衣	謙卑	尼9.1
太陽	上帝是太陽	上帝的恩典	詩84.11
聖殿	你們是上帝的殿	信徒的身體	林前3.16～17，6.19～20

象徵性的用語有時亦可以是數字。在古籍文獻中，數字是最難解釋的。一般現代的歷史學家都不願意完全接受古籍文獻中數字所表示的數值，對於聖經中的數字也是如此。在聖經的天啟文體類作品中，數字主要用來傳遞信息，並不單代表一個數值而已，數字往往有其象徵性意義，亦表達了一種從字面而來的感覺。例如在啟示錄，我們常見到3個數目：1260天、42個月和3年半，它們所指的時間長短相同，但表達出來的感覺卻不一樣：「1260」這數目給人時間最長的感覺，而「3年半」則是最短。在啟示錄十一章2至3節，作者指出聖城國民被踐踏42個月，但上帝容許祂的見證人傳道的日子卻有1260天；所代表的時間雖是一樣長，但數目大小之別卻令讀者有不同的感覺——與苦難的日子相比，上帝施恩的日子更長久！

以下列出的一些數字是經常帶有象徵性意義的，但這並不表示，這些數字每次出現時，都必定帶有象徵性的意義：

數字	所指的意義	參考經文
1	合一	申6.4；約17.21～23
3	三一	太28.19；約14.26，15.26；林後13.13；彼前1.2
6	人	啟13.18
7	完成、成就、完全	出25.32；利4.6，16.29；王下5.10
12	上帝的目的	創49.28；太10.1～15
40	上帝能力彰顯的年代	創7.17，8.6；出24.18，34.28；申9.9；拿3.4
70	實踐上帝的工作	創46.27；民11.16；耶25.11，29.10；路10.1
666	獸的數字	啟13.18
1000	無限大的數字	詩90.4；但7.10；彼後3.8；啟5.11

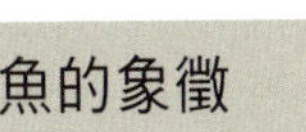

魚的象徵

早期教會的基督徒為了逃避羅馬軍兵的逼迫，就藏匿在羅馬的地下墓窖裏。基於迷信的緣故，羅馬軍兵是不會進入這些墓窖的。後來的人在很多墓窖中發現一些圖畫和碑文，例如在牆壁上就經常刻有希臘文字母X（相當於英文 "ch" 的音），這字母常用來代表「基督」，因為希臘文「基督」一字的第一個字母正是X。

在早期教會中，最常見的象徵標誌就是「魚」。希臘文「魚」字是由5個字母所組成，分別是*i-ch-th-u-s*，這5個字母都有它的代表意義：

i：Iêsous－耶穌（希臘文的 "I" 相當於英譯的 "J"）

ch：Christos－基督

th：Theou－上帝的

u：Uios－兒子

s：Sôtêr－救主

• 魚的標誌：早期教會的信徒以此表明耶穌的身分。

詩體

聖經的詩體是頗值得一提的體裁。詩體主要見於舊約聖經，這些詩歌多方面地反映傳統希伯來詩歌的特色。

希伯來詩歌的一大特色就是不著重押韻，卻著重意思上的平行。其中一種平行體是「象徵性平行體」，那就是用一些可見的具體事物，以平行對照的格式，來象徵一些抽象的事情。在以下的例子中，第二行的詩句就是用來象徵與之平行的第一行詩句：

上帝啊，我渴慕你，
像鹿渴慕清涼的溪水。(詩四十二1)

此外，聖經的詩體當然也會運用一般常見於詩歌的修辭技巧，例如誇張就是一種典型的詩體修辭技巧，如詩篇六篇6節：「我因悲愁衰殘；夜夜我的床榻浸在眼淚裏，我的枕頭濕透了。」至於借用其他物件來比擬上帝，以突出上帝某方面的特性也是相當普遍的修辭技巧，如詩篇六十三篇7節：「因為你時時幫助我；我在你翅膀的庇護下歡樂歌唱。」作者把上帝比喻為鳥，目的是要將上帝的看顧比喻為「張展翅膀般的保護」。這裏所運用的修辭法，有時又稱為「動物形象法」，就是以動物的形象來描述上帝的某些屬性，這種寫作手法在希伯來詩歌中經常出現。有時甚至將人的性格或特徵賦予死物(稱為「擬人法」)，其中較生動的例子有詩篇七十七篇16節：「上帝啊，河流看見了你都畏懼；深淵看見了你也都戰慄。」又或將上帝比擬為人(或稱為「神人形象法」)，以突出上帝的某些作為，例如當詩人提到上帝會聆聽，其實並不表示上帝有耳朵，而是將上帝人格化，指出上帝會垂聽他的禱告：「求你側耳而聽，快快救我！作我堅固的磐石，拯救我的保障！」

參詩91.4

詩57.1; 賽31.5

詩31.2《和》

歷史文化差距

我們閱讀聖經時，常會因不明白當時的歷史文化和不熟悉當時的語言而產生許多問題，事實上，語言的特色和使用習慣也是歷史文化的一環。凡閱讀任何古籍文獻，我們都好比要通過時光隧道，進入一個古老的世界；這個世界有它自己的語言、文化、社會和歷史背景，這些因素就好比當時的人所呼吸的空氣一樣，時刻塑造著他們的思想、意識形態和價值觀。

有關聖經的歷史文化，可分兩方面來看。

世界的歷史處境

本書第五、六兩章主要就聖經的時代，簡介當時的歷史文化和人民的生活風貌。聖經 66卷書的寫作時期橫跨了1000多年，所反映的歷史文化背景是非常複雜和多元化的。認識聖經的歷史文化背景資料可謂是無窮盡的功課，從來沒有一個學者膽敢說自己已經全面掌握了這方面的資料，事實上，這些資料往往隨著史料研究和考古的新發現而倍增。

第五、六兩章的討論相信已能幫助讀者概括地了解聖經時代的世界。若要進深一步認識，讀者可以參考「聖經手冊」或「聖經字典」等類的書籍(有關這類書籍，可參本章最後一節)。其實，要一下子把這些資料牢記下來，又在閱讀經文時將它們適切地運用，是好不容易的事，學者也未必經常做得到。但一般來說，一本全面的研讀本聖經，往往都會在某些特別與文化背景有關的經文中，提供相關的資料，幫助讀者理解。

文本的歷史處境

聖經文本既在當時的歷史文化處境下形成，當然就受著當時的歷史文化所影響，但除此之外，文本本身也涉及一定的歷史處境。例如新約的每卷書信，幾乎都是針對某個或某一連串特別難解決的問題而寫的，就如加拉太人追求靠律法稱義；哥林多人要得到對婚姻、屬靈恩賜、吃祭偶像之物和其他種種問題的答案；提摩太需要有關建立教會秩序的指引等等。除非我們知道當時讀者所面對的困難和問題的所在，否則，讀這些書信就像只聽到電話中一方的說話——只聽到作者在說話，卻不知道他為甚麼那樣說，只知道故事的一半，未能通盤了解。

要掌握文本所涉及的歷史處境，我們也只能從其他相關經卷或經文本身
尋找線索。例如我們在約翰壹書讀到：「我寫這些事是指著那些想欺騙你們的
人說的」，當我們翻到別處，就會發現這些假師傅原是教會中的一分子：「他 約壹2.26
們走開了，可見他們都不是真的屬於我們的。」約翰更稱他們為「敵對基督 約壹2.19
者」。另外，還有一些直接或含蓄的話，補充說明當時讀者所面對的情況。 約壹2.18
例如哥林多後書三章1至2節中，保羅突然申明自己不需要「推薦書」，可能
暗示有人毀謗他，說他需要這類信才能在一些教會（如哥林多教會）中事
奉。此外，研讀聖經中的相關經文，對於了解經文內容的背景，亦有很大
的幫助。例如詩篇五十一篇是大衛跟拔示巴通姦後、受先知拿單責備而寫
成的，如果我們讀這詩篇時，再翻看撒母耳記下十二章關於大衛和拔示巴
的事蹟，就更能了解這首詩的歷史背景了；至於研讀腓立比書，就自然要
參考使徒行傳有關腓立比教會得以建立的情形。 徒16章

聖經所記述的事情都是發生在幾千年前的，史料缺乏不在話下，要單

從經文本身重構這些事件發生的情形，顯然十分困難，因為我們並不在現場。然而，可以肯定的是，若我們知道一段經文的歷史情節愈多，就愈能掌握作者所傳遞信息的意思。尋找這些歷史背景資料，就有如玩拼圖遊戲一般，我們必須不斷尋找、推斷、試拼適合的圖塊，期望能儘量拼砌出一幅合理的圖畫，從而有助我們理解個別的經文。

讀經的基本步驟

前面討論的譯本、體裁和歷史背景等，都是一些對信徒讀經生活非常重要的外在因素。而本節所討論的幾點，則直接、具體地關於信徒的閱讀技巧。我再重申，倘若讀者有一本以現代漢語表達的譯本，他只需以一個平常心來閱讀就可以了；而以下所介紹的閱讀技巧亦沒有甚麼神奇之處，一般經常閱讀的人都會自然地依這些步驟閱讀。從這些步驟歸納出來的原則是：閱讀時要從大段落到小分段、從文本的整體到文本的字詞來按步理解，切勿只聚精會神地細察林中的樹木，或只遠距離觀賞整個樹林。

概覽書卷

文本是由詞句組成的，但理解詞句的意思卻受著文本整體所牽制。因此，研讀聖經時，對所讀的經卷作一概覽是相當重要的。以下的步驟只供參考：

1. 開始時速讀整卷書：閱讀時嘗試找出經文的主要主題(不用太過著意找「最中心」的主題，可以找出多個主題)。若不能一次過讀完整卷書，應嘗試略讀其中的內容，並注意聖經各章、各段落的標題。

2. 尋找該卷聖經的「大段落」或分段所在：例如羅馬書的分段為一至五章、六至八章、九至十一章和十二章至十六章。每一段落都有一個主題，當找到主題後，可試為該段落寫出一個扼要簡明的標題。羅馬書各個段落的標題可以是這樣的：「稱義」、「成聖」、「上帝如何恩待以色列人」和「基督徒的生活原則」。
3. 尋找「中段落」：找出構成各主要段落的重要意念。例如，羅馬書第一個大段可分為兩個中段落：第一，由一章18節至三章20節，敍述稱義的普世需要；第二，由三章21節至五章21節，敍述上帝怎樣藉著耶穌使我們得稱為義。
4. 尋找大段落、中段落和小段落之間的關連：例如羅馬書一章18節至三章20節，與三章21節至五章21節是有關係的，前者敍述人類的需要，後者則顯示上帝的解決方法。其他的關係包括相似、相反、因果等等。除了段落之間的關係外，還要不斷思考這些小段落、中段落和大段落跟整卷書卷的主題有何關連。

概覽聖經就像使用可變焦距的鏡頭攝影，先用鏡頭看全景，讀全卷書，然後改變焦距，找出主要段落及中段落，最後調整焦距，對準所有小段落、句子和字詞。

讀一卷書的次數愈多，對該卷書的結構和內容就會愈熟悉。每次閱讀都是一個理解的循環：起初的概覽有助於了解書卷的整體內容，這了解對往後解釋各部分將有所助益；當熟悉了書卷的各部分後，就需要修正之前的整體理解。每經過一次循環，讀者都會掌握作者的原意多一點。

逐段研讀

概覽一卷書的結構和內容之後，我們可以開始逐段研讀。現在我們使用的聖經已有分段或分章，但別忘記聖經原本並沒有劃分段落和章節，也沒有標點符號。

1. 再三細讀所選的經文，以求熟悉其中的內容；讀經時要留意該段經文的主題。
2. 確定經文的主題後，進一步要尋找作者如何鋪排內容以帶出主題。若研讀一小段經文，就要找出經節怎樣表達、解明該小段的主題。若研讀幾個小段，就要找出每一小段與整大段主題的關係。若研讀一章經文，情形也相同。
3. 要注意所讀經文的上下文，閱讀該段聖經前後數節或數小段的經文，然後思考：這節或這一小段經文為何要放在這裏？作者如何透過前後的經文令自己的觀點表達得更加清楚？千萬別忘了思考，該段經文與作者的全盤論點或主題有何關連。
4. 注意有關經文所表達的氣氛或感情。例如耶穌在客西馬尼園裏的經歷充滿了憂傷和痛苦；加拉太書一章顯示出保羅向依從猶太習俗的人發怒，對加拉太人的愚昧大惑不解；而詩篇一百篇則充滿喜樂。了解經文中所展露的主觀感情，可使讀者充分體會作者或有關人物的情緒和感受。

基本的「六何」

我們可以訓練自己成為一個好偵探，看那顯而易見的和那不明顯的，並提出一些幫助觀察的問題。簡單來説，需要觀察的事物可歸為 6 類：何人、何處、何時、何事、為何和如何。

- 何人(誰)：作者是誰？讀者是誰？書中的主角和配角是誰？提到甚麼人物？他們是誰？
- 何處：事情在何處發生？如果你讀一卷書信，就要問收信人住在何處。可查查聖經的地圖(許多聖經都附有地圖)，找出地理上的位置。
- 何時：事情在何時發生？如果是一卷書信，就要問書信是何時發出或寫成的。
- 何事：有何行動或事件發生？哪些字眼在這段經文經常出現？
- 為何：這段經文中提及甚麼原因或解釋？事情的目的是否有說明？
- 如何：這段經文屬於哪類體裁？是一封書信、一篇演講辭、一首詩歌或一個故事？作者運用了哪種比喻？是明喻或是隱喻？經文是如何組織起來的呢？又以甚麼角度、人物，或地點為中心？

以問題逐點研究一卷書或一段經文的內容，可以發現許多重要的資料。若從經文中有所發現，就要把它摘錄下來，以供日後參考。

第一本閱讀的書卷

初次閱讀聖經的人或會從聖經的第一頁開始閱讀，但到底這是否必須的呢？若否，我們閱讀書卷的次序又可怎樣安排呢？從哪卷書入手才最合適呢？這節的提示也許可給我們一點意見。

聖經是一本書卷結集，其中書卷的排列次序與其內容性質、可讀性(對於現代人而言)和深淺程度都沒有關連，因此，我們毋須從創世記開始我們的讀經生活，而啟示錄亦不一定是我們最後閱讀的聖經書卷。另外，不要只為讀完一卷書而閱讀，對於初次接觸聖經的人，其實有些章節是可以速讀略過的。跳過一段沉悶的內容而保持讀經的拼勁，比硬把一卷書讀完而對它失去興趣好；整體來説，我們應該選擇一卷自己最感興趣的經卷，開始自己的讀經生活。

由於舊約書卷的歷史背景較為複雜，對於現代人(可能除了中東地區的人)來説亦較為陌生，所以一般信徒大多會從新約的福音書開始研讀。筆者建議以馬可福音開始，這卷書主要記述主耶穌的事蹟，記敍活潑精簡。然後，可以繼續閱讀路加福音，再讀使徒行傳和保羅的書信。至於路加福音三
或太1章 章23至38節的家譜，則快讀略過就可以了。

在舊約方面，創世記和出埃及記的可讀性都很高，內容亦很吸引。但由
出25~29章; 36~40章 於出埃及記的後半部分主要記載聖所、會幕和祭司衣服等有關物件的製造，所以，除非讀者對這些事情非常感興趣，否則，暫時略過它亦無妨。士師記、約書亞記、撒母耳記和列王紀記述了一個連續的歷史故事，若能一氣呵成把它讀完，必能對古以色列的歷史有很好的掌握。此外，要注意有些書卷必須比其他書卷先讀，這樣閱讀其他書卷才會明白其來龍去脈，例如在閱讀歷代志前，最好先閱讀撒母耳記和列王紀，因為歷代志的成書年期較晚，此書是以較早期的歷史書為藍本，加以作者的修訂和評述而成的。又例如在研讀任何一本先知書之前，我們都必須先對該書的歷史背景有所認識，因此，歷史書卷就成為讀先知書前的必讀經卷了。

最後，我要在這裏分享一個有關一位初代教會信徒的讀經經歷，這經歷

記載在使徒行傳八章26至40節。一名來自埃塞俄比亞的太監前往耶路撒冷參加猶太人的敬拜後，在返家途中閱讀以賽亞書。就在這刻，上帝差派一個名叫腓利的教會宣教士，向這太監解釋他所讀的經文。當他明白了後，就提出接受水禮的請求。

究竟我們應該從哪卷書開始閱讀呢？這並沒有一定的答案。有些人喜歡從馬可福音開始，有些人則喜歡從創世記開始，也有人喜歡讀以賽亞書。你不一定要從最容易的經卷開始，事實上，你應選擇自己最想閱讀、最感興趣的經卷開始。不要只為了方便或「跟大隊」而扼殺了上帝給你的好奇心，你應該相信，上帝也會差遣一名「腓利」到你身邊來指教你。

讀經與你的性格

各人都有自己的閱讀方法和興趣。有些人喜歡閱讀報刊，有些人喜歡閱讀小説，亦有些人喜歡科學、哲理書籍。這反映出不同性格的人對各種體裁的作品會有不同的喜好。在讀聖經方面，情況也是如此。

聖經所包括的66卷書都分屬不同的體裁。讀者若了解到性格和閱讀興趣之間的密切關係，他就會明白，為何不同的人對同一卷書會產生不同的感受；又或某種研讀聖經的方法會較適合某些人；又或某些人對某類經文會有很深的感受，但對另一些人來説，卻覺得沒有甚麼特別。

*這節的內容主要取材自L.L. Grenz, **Doubleday Pocket Bible Guide**, revised edition (New York: American Bible Society, 1997)。*

心理學家常以4組類型來界分我們的基本性格。這4組類型又可組合成8種性格取向。基本上，每一個人都或多或少具備這

8種性向，只是一般而言，某一種性格的傾向會特別明顯。若能了解不同性格的人在處理信息和作出判斷時的反應，將有助於我們找出最適合自己的讀經方法。

你是偏「內向型」或「外向型」的？

如果你是偏「內向型」的，你會較容易從自我中得到滿足。在疲累時，你會喜歡獨處，調整自己的內在生命。在聚會的時候，你通常會先把自己的想法寫下來，然後才和大家溝通。你比較沉默寡言，但當發言時，內容卻往往能一語中的。在讀經時，你需要時間消化經文的意思，你較易接受獨自讀經的方式。偏內向型的人往往喜歡詩篇、箴言等。當眾人集中討論故事情節的時候，你卻留意到故事背後較深層的意義。

如果你是偏「外向型」的，你往往會從別人身上獲得支持，並且會以朋友聚會、郊遊或聊天來放鬆自己。你喜歡小組研經的方式，而且反應敏捷，喜歡在與人交談的過程中學習。你對獨自研經和意思不直接的經文(如詩篇)興趣不大。你較喜歡故事情節較豐富、有對話、有動作描述的經文，你也經常把經文和現實生活中很多實際的情況聯繫起來。

你是偏「理智型」或「直覺型」的？

偏理智型(用理智接收信息)的你往往觀察入微，能夠仔細地分析所看到、聽到、嗅到、感到和嘗到的事物。你喜歡有具體情節的經文過於詩體的抒情內容，喜歡問「六何」，即何人、何處、何時、何事、為何、如何等類的問題。你會按照字面的意思理解經文，而不擅揣測經文內含的意義，特別是當經文細節的意義不確定的時候，你更感無從掌握。相對於直覺型的人(見下段)，你更喜歡研讀教義性的書卷，且有耐性細心處理那些關於歷史或律法的章節。理智型的人通常會為自己制定固定的讀經時間表。

作為偏「直覺型」的人，你雖「知道」一些事情，但卻往往不明白自己為何或怎樣知道那些事情，因為你是憑直覺接收信息的。你經常將聖經和其中的觀念，與其他書籍、所發生的事件或觀念作對照。你喜歡那些帶有多層意義的故事或經文，能夠輕易地將經文和現實生活聯繫一起，並且喜歡推敲一段經文的含意。至於有關家譜、歷史或律法條例等經文，對你來說是比較枯燥乏味的。深入研究某段經文的細節，也會使你感到疲倦。直覺型的你容易即興地研讀聖經，卻很難每天安排固定的讀經時段。興之所致，你會在某段時間內非常專注地研經，但意興一轉，你又不會堅持甚麼；直至興致再起，你又會繼續研經。

你是偏「情感型」或「思考型」的？

如果你是偏「情感型」的，你會把「凡事以和為貴」放在最重要的位置。你希望一個羣體中，彼此能夠持著相同的意見，同心協力合作。你很容易融入羣體中，和身邊的人打成一片。情感型的你往往會強調犧牲精神。你不喜歡看到經文中有彼此衝突的情況，也不接受經文指出我們的虧缺之處，亦不喜歡有人對經文持不同的意見。你很可能會放棄自己的想法而附和別人「不太正確」的觀點。

偏「思考型」的你較注重公義和公平。你認為羣體中存在不同的看法或意見是一件好事，因為這樣才可以找到較中肯和「正確」的答案。對你來說，只要大家致力於尋求真理，即使結果沒有統一的意見也未嘗不可。思考型的人經常提及責任感，認為上帝對每個人都有要求，就是作為上帝的管家，管理祂所創造的萬物。思考型的人喜歡那些能夠指引人在苦難和重壓下，作出正確選擇的經文，且認為過於追求概念和理論只會使人變得冷漠。

你是偏「教條型」或「創意型」的？

偏「教條型」的你期望每個問題都有一個結論。你一旦作了決定，就不願意再費神討論那個問題、或再加上任何意見。你討厭隨心所欲或毫無主題地討論、或反複地討論著同一個問題；卻喜歡有系統地分析一段經文，整理出經文所提供的資料，然後分析這些資料的意義。你喜歡清晰而有條理的經文，因為這些經文可以直接在現實生活中運用出來，例如聖經所記載與生活相關的具體而明確的誡命和律例。教條型的你在聆聽權威人物或領袖的話語時，有時並不多加思考。你的生活有規律，準時參加聚會，並且保留聚會的議事記錄。

偏「創意型」的你常常會從不同的角度重新思考同一個問題，而且不會太快作結論。對於只由少數人主導的經文解釋，你不會隨便接受。你期望聽到每個人的看法，並且彼此能有充分的討論。你常常尋找新的資料，並將資料聯繫到其他信息或處境中。然而，這樣不斷的尋求有時甚至會使你難以確定一段經文的意義，你亦較難把經文應用在生活中。你喜歡多重意義的經文，且認為單一的解釋是「過於簡單」。你總是不斷地開拓新的看法、尋找別的意義、建構可能發生的情節，嘗試以嶄新的角度來理解那些耳熟能詳的經文。

對於「性格」這個複雜的課題，以上只是一個簡單(甚至可説是非常簡單和概括性)的説明。不過，它也可以幫助我們看到自己的性格，是如何影響我們研讀聖經的方法，甚至左右了我們從聖經所接收到的信息。如果你對讀經感到厭倦或有困難，可能你需要反省自己是否正在研讀一些不適合你性格類型的經文。但這並不表示你可因此不讀那些經文，反而，你更應鍛煉自己，克服困難。此外，如果那些與你一同查經的成員，對事物的看法與你有所不同，你就要記著，因為上帝給了我們不同的性格，所以我們不可硬指對方的觀點不合理、或者對方很難相處。「知所長，知所缺，知所補」是我們需畢生學習的功課。

聖經好像一塊珍貴的寶石，擺在各人中間。我們各人只能看到這塊寶石的某個部分，沒有一個人可以完全看到這塊寶石的全部光輝。我們要聆聽別人的意見，也把自己所看到的告訴別人，而權威人士憑著他們的經驗學養，也許能告訴我們所看不見的另一部分。這樣，我們才能了解這塊寶石更多，看得更全面。若能抱著這樣的態度讀經，我們就能多方面地明白聖經的美妙之處。

讀經的最重要環節

雖然以上的討論非常強調理性分析，但倘若我們讀經只為了在理性上增加對上帝的認知，卻沒有在信仰生活中產生功效，那麼，聖經也許只不過是另一本的《心靈雞湯》而已，對我們的屬靈生活(即我們與上帝的關係)並沒有多大益處。因此，除了正確地運用讀經的技巧外，堅持聽從上帝的命令也是很重要的。願意順服上帝的話語，是每次開始展讀聖經時應抱的態度，也是在每次結束讀經前應有的心願。

我們從聖經裏所學習的，必須能夠融入我們的生活處境中，與我們個人的生活連繫起來。我們在聖經裏所找到的，都是關於上帝的事情和關乎我們生命的教導，為要引導我們成為上帝的跟隨者，活出屬於上帝的人所應有的樣式。羅馬書十二章2節勸勉我們：「不要被這世界同化，要讓上帝改造你們……。」藉著查考聖經，我們的心意得以更新，生命更具有耶穌基督的形像。若能與別人一同讀經，我們更可與人分享自己的屬靈經驗，讓別人知道這些事情不單發生在古代信徒身上，乃是又真又活地、確實地發生在現實中的你我身上。我們今天可以一同聆聽上帝的話語，並且一同學習如何在今世活像上帝的聖民，這是何等大的恩福！

對於今天的猶太人而言，聖經(指舊約聖經)幫助他們明白如何維持上帝選民的身分。在聖經所記載的遠古時期歷史中，他們能夠與列祖一同掙扎、一同經歷信仰生命中的挫敗和成功。聖經是上帝藉著他們的列祖留給他們的屬靈遺產，使他們能夠堅守上帝與亞伯拉罕、以撒和雅各後裔所立的「約」。猶太人特別注意聖經中所記載的律法，因為這些律法表明了上帝

與以色列民在「約」裏的關係。這些律法更不斷指引他們活出被上帝所召的聖民生活。 申6.4~6

對於現代的基督徒而言，聖經讓我們與古代聖賢(先是猶太人，後是初代教會的信徒)在共同信仰的基礎上彼此相交。這些聖賢(例如古以色列人)，也許有些根本不會被人稱為「基督徒」，但他們卻是不折不扣跟隨上帝的人。正基於他們與上帝的相遇經歷和他們對上帝的信念，今天我們閱讀他們的生平和言訓時，可以實實在在地進入他們的信仰生命中，與他們共鳴，一同掙扎、一同經歷信仰生命中的挫敗和成功。本來與我們無關的屬靈產業(舊約聖經)，如今也成為我們的屬靈產業；本來與我們無分的「約」(舊約)，如今卻成為了與我們有分的「新約」的基礎。此外，當我們「在耶穌基督裏」，我們就是在耶穌的生、死和復活的信仰基礎上，與初代教會的信徒以及歷代的基督徒建立了屬靈的關係。今天我們閱讀他們的作品時，我們可以實實在在地進入他們的處境中，深深感受著他們的悲喜苦樂。

將聖經應用在我們的生活中實非易事。前面已提及，聖經中的書卷原不是寫給現代人看的，而是針對作者當時代的人的需要，為要解決他們某些特定的困難或問題。哥林多人有結黨紛爭、淫亂、婚姻、吃祭偶像之物、屬靈恩賜和信徒彼此爭訟的難題，保羅遂寫哥林多前書回應他們。那麼，我們又應該如何在我們的生命中，應用差不多2000年前寫成的書卷呢？這是一個不容易解答的問題。

在生活中應用聖經的一般原則是：當我們的現實情況與當時讀者所面對的情況相似時，上帝的話對我們就同樣有效用。以哥林多前書為例，把該書對結黨紛爭、淫亂和婚姻等的教訓應用到我們的日常生活中，是完全沒有問題的。但對於吃祭偶像之物和信徒彼此爭訟等方面的教導，就較難處理。因為所面對的問題雖然似乎是相似的，但這些問題在今天和昔日的處境中卻有非常不同的含意，所以是很難直接應用。

要堅持以「一刀切」的原則(像教導小孩子一樣)來應用聖經的教導是容易的，但這只會帶來偏激的思想與行為。所以，信徒要靈活運用前面所提到的原則，更要常帶著平常心和信服上帝的心，既深信聖靈對讀經者個人的帶領，又尊重各人對聖經的領受。

你的聖經工具箱

當我們開始閱讀聖經合共1,189章、計約31,000節的經文時，難免會碰到不少較難理解的經文，必須借助一些參考書的資料。以下就按分類列舉出一些工具書，希望能幫助你在閱讀聖經時得著更多。

聖經譯本

除了前面提及的幾個譯本(即《新標點和合本》、《聖經新譯本》和《現代中文譯本修訂版》)外，還有呂振中牧師一人翻譯的《呂振中譯本》和香港當代聖經協會(即國際聖經協會前身)出版的《當代聖經》，這些都是很有參考價值的中文譯本。除中文譯本外，讀者也可參考諸如*New International Version*和*New Revised Standard Version*等英文譯本。

聖經字典

如果我們對某英文詞語或某中文字的意思有疑問，我們自然會翻查字典。但如果我們想知道有關某個聖經術語(如割禮、平安祭)的更多資料，我們就需要翻閱聖經字典(Bible dictionary)了。聖經字典專門收集所有在聖經中出現的專用術語，包括古代器物、風俗習慣、文化和人名地名等，並作出詳細的解釋，有時更會提供相關的圖片和聖經章節的歸納表列。以下幾本聖經字典相當合用：

《證主聖經百科全書》三冊(香港：福音證主協會，1995)

《當代神學辭典》兩冊(台北：校園書房，1997)

《聖經新辭典》兩冊(香港：中國神學研究院、天道出版社，2000)

聖經地圖

聖經中部分地名現已不再使用，而在聖經歷史中，即使同一地點亦可能有幾個不同的名稱；再加上中東地區的地理分界線常迅速改變，我們理解聖經的難度毋疑就增加了。因此，聖經地圖冊就為我們提供了有關聖經時代的地理形勢的參照根據，幫助我們準確地找出聖經史地的實際位置。目前市面上的聖經地圖有：《麥克密倫聖經圖集》(台北：少年歸主社，1980)、《簡明聖經史地圖解》(台北：橄欖基金會，1998)、《聖經及教會歷史地圖》(香港：國際聖經協會，1999)等。

「聖經通識叢書」亦為讀者提供一本精美地圖——《實用聖經地圖集》。

這書原著為丹麥文，由丹麥聖經公會出版，目前已經翻譯成英文、德文、日本文和印尼文。

聖經註釋

聖經註釋(commentary)是一些人對聖經內容所作的一些説明。目前已有許多很好的註釋書，其中一些是綜合性的，一些是非常專門的。在選擇一種合用的聖經註釋之前，我們需要留意這註釋書的風格和內容的深淺程度。在使用時，我們亦應小心，要記得我們是在遇到問題和困難時才參考註釋書的解釋，而不是一味依賴別人的見解。許多人只會在著名聖經學者的思想框架下閱讀和解釋聖經，但上帝更願意我們自己用心去閱讀祂的話語。

《證主21世紀聖經新釋》(香港：福音證主協會，2000)和《賽氏簡明註釋》(香港：天道出版社，2000)可算是近年新出版的精簡聖經註釋書；較為學術性的註釋，則可參「天道聖經註釋」。

本叢書第三階段的課程，對各書卷的深入剖析(如由張達民博士和黃錫木博士合著的《風起雲湧的初代教會——使徒行傳析讀》)亦是這類聖經註釋書籍。

經文彙編

許多聖經都附有內容串珠參照(cross-reference)的功用，即提供與關鍵詞或專有名詞相應的解釋，亦提供某人物或事件在聖經裏重複出現的地方。但我們若要完整地得到這些資料，就必須參考經文彙編。

經文彙編(concordance)如很多資料豐富的書籍末尾的索引一樣，幫助讀者能方便快捷地找到想要尋找的內容。大多數彙編是按字詞分類的，它能幫助我們找到用上相同字詞的經文。在使用時，我們要注意自己所用的聖經譯本，跟經文彙編所用的譯本是否相同，若不相同，則因著兩者翻譯的詞彙或有出入，以致串連的結果亦會各異。《經文彙編》三版(香港：基督教文藝出版社，2000)是以《和合本》和《新標點和合本》為根據的經文彙編。此外，聖經電腦軟件也可提供經文彙編的功能。

這種「詞彙」彙編對詞彙查詢(或詞彙研究)很有用，但如果你想查一個特別的主題，你就需要一本按主題編纂的「主題彙編」了。筆者改編的《主題彙析聖經》(香港：基道出版社，1997)是目前最完備的一本，其中主要集中於神學方面的主題。另外，本系列的《基督徒生活手冊》則主要是生活性主題的彙編。這些彙編所列出的經文不限於該檢索條目的詞彙，而是所有與之相關的經文。讀者若使用這些主題式彙編，必找到更多豐富的資料。

研讀本聖經

許多聖經讀者都不滿足於只讀聖經經文，希望擁有一本附有簡單註釋的聖經，而這些附有註解的聖經就稱為「研讀本聖經」(Study Bible)。多數研讀本聖經都附有相當實用而簡單的經文彙編，也會包含簡單的聖經字典、地圖和索引的功能，資料可謂一應俱全。幾本主要的中文研讀本聖經有：

《中文聖經啟導本》五版(香港：海天書樓，1992)

《靈修版聖經》二版（香港：國際聖經協會，1999）

《聖經——串珠・註釋本增訂版》（香港：福音證主協會，2000）

謝

謹此鳴謝各曾試讀本書稿件的教牧同工，並以下曾試用此書作查經班或主日學教材的教會：(排名不分先後)

鑽石山浸信會

廣東道平安福音堂

浸信會為道堂

宣道會美孚堂

宣道會荔灣堂

緊扣時代 服事教會

以文字傳揚基督真道

讀者意見表

衷心多謝你購買本社書籍。本社一直致力以出版事工服事教會，幫助信徒扎根於神的話語，促進靈命增長。為使我們的出版更能滿足你的需要，請填寫下列各項資料，並寄回或傳真予本社。

所購書籍：＿＿＿＿＿＿＿＿

本書最吸引你的地方：
□作者　□適切性　□文筆　□設計　□實用性
□其他：＿＿＿＿＿＿＿＿

購買本書地點：
□基道書樓　□基督教書店　□非基督教書店

性別：□男　□女　職業：＿＿＿＿＿＿＿＿

信仰：□基督徒　□非基督徒

年齡：□ 16 歲或以下　□ 17～25 歲　□ 26～35 歲
□ 36～55 歲　□ 56 歲或以上

學歷：□中三或以下　□中五　□預科
□大學　□研究院

□我欲更多了解基道出版社的事工及考慮支持，請寄給我下列資料：
□機構簡介　□新書資料　□基道會員通訊
□《基道文字事工通訊》

姓名：＿＿＿＿＿＿＿＿電話：＿＿＿＿＿＿＿＿

地址：＿＿＿＿＿＿＿＿

傳真：＿＿＿＿＿＿＿＿　電子郵件：＿＿＿＿＿＿＿＿

其他意見：＿＿＿＿＿＿＿＿

多謝賜教！

基道出版社

意見表可以傳真（2687-0281）或直接郵寄以下地址：
香港沙田火炭坳背灣街26號富騰工業中心1011室
基道出版社編輯部收